AF230535

LA
FOIRE AUX CANDIDATS
OU
PARIS ÉLECTORAL
EN JUIN 1871

CORBEIL, typ. et ster. de CRETE FILS.

LA
FOIRE AUX CANDIDATS

OU

PARIS ÉLECTORAL

EN JUIN 1871

PAR W. DE FONVIELLE

SOMMAIRE :

Folies électorales et plébiscitaires. — M. Louis Bonaparte allant à l'urne.
Un empire ichneumonisé. — La Commune au scrutin.
Mendicité électorale dans les rues et dans les clubs. — La parade des Comités.
Le Parnasse des candidats. — L'embarras du choix.
Listes panachées. — Le candidat soleil. — Le candidat cordon-bleu.
Grande maladie des docteurs positivistes.
Limbes électorales. — La tête de turc parlementaire.
L'embuscade des prétendants.

PARIS

A. GHIO, ÉDITEUR

BOULEVARD SAINT-GERMAIN, 43

1871

LA
FOIRE AUX CANDIDATS

OU PARIS ÉLECTORAL EN JUIN 1871

Nécrologie des gouvernements.

Depuis le jour où Sa Majesté Louis-Philippe prit un fiacre à la course sur la place de la Concorde, jusqu'au moment où j'écris ces lignes, deux cent soixante-seize mois et quelques jours se sont écoulés. Ce n'est pas tout à fait une révolution de Saturne qui s'effectue en trois cent soixante-quatre mois environ; cependant dans cet intervalle de temps si court, nous avons vu se succéder neuf gouvernements nés viables, sans compter quelques tentatives aussi importantes, aussi sérieuses, que la régence de la duchesse d'Orléans.

Nous avons vu le gouvernement provisoire siéger à l'Hôtel-de-ville, et céder la place à une commission exécutive. La commission exécutive s'est installée au Luxembourg, et a dû se retirer rapidement devant le général Cavaignac. Le général Cavaignac a remis solennellement le pouvoir aux mains d'un successeur dûment assermenté. Le citoyen Louis Bonaparte s'est nuitamment transformé en Prince Président, rival de Lycurgue et de Solon. Après avoir doté la France d'une constitution perfectible, il s'est empressé de montrer que le perfectionnement consistait dans la destruction de la République, et en qualité d'Empereur autoritaire, il a été s'installer aux Tuileries. C'était, si je compte bien, la septième transformation. Nous pourrions considérer comme une nouvelle métamorphose le changement d'Empire autoritaire en Empire libéral, dans le creuset plébiscitaire. Mais il faudrait peut-être alors donner une place d'honneur à la régence de l'Impératrice Eugénie.

Il est plus sage de sauter à pieds joints sur ces événements, et d'arriver à la proclamation d'un gouvernement de la Défense nationale, le lendemain de Sedan. Ce gouvernement de la Défense nationale a lui-même été remplacé par un pouvoir exécutif, qui, n'étant que provisoire, a quelques chances de durer.

Bien entendu, nous ne tiendrons pas compte du gouvernement parasite qui s'est installé à l'Hôtel-de-ville, le 18 mars ; nous laisserons en dehors de notre nécrologie gouvernementale, cette espèce de hideux Bernard l'Hermite qui s'était niché dans la coquille de l'Hôtel-de-ville, et qui a fini par pétroliser les vaisseaux de ses prédécesseurs, afin d'obtenir plus clairement le droit de se faire fusiller. Toute la France a obéi fidèlement comme un seul homme à ces neuf gouvernements, qui, ayant duré deux cent soixante-seize mois et quelques jours, à eux tous, ont vécu chacun en moyenne trente mois, vingt jours et quelques heures !

Voilà de quoi faire rire nos ennemis d'Allemagne ! Comme ils se moqueront de notre légèreté française, en encaissant leur indemnité. Mais si on examine de plus près les choses, on arrive à se convaincre qu'il y a quelque chose de très-stable dans notre constitution si variable en apparence. Ce quelque chose c'est le *suffrage universel*, c'est-à-dire la volonté populaire, dont nos vainqueurs provisoires ignorent jusqu'à la majesté. Ils se sont bornés à perfectionner leurs armes par derrière. Nous perfectionnons l'arsenal de nos libertés. Nous apprenons la république. Tremblez, lâches esclaves de coquins couronnés.

Nous essuyons les plâtres de la souveraineté populaire, ce qui peut nous faire attraper des rhumatismes aigus, mais cela vaut mieux que d'habiter les ruines du droit divin, vieille masure fréquentée par les oiseaux de proie, les nocturnes, les rapaces et les serpents.

Notre seule institution c'est le suffrage universel ; mais c'est une institution-principe de laquelle toutes les autres découleront. Ce suffrage a été conquis sur les barricades de Février, il est acquis, et quoique l'on ait essayé de le restreindre, nul n'a

osé le supprimer. Il a poussé des racines si profondes dans nos mœurs nationales, qu'il ne craint
point la fusion de toutes les dynasties. Elles se
mettraient inutilement d'accord pour l'étouffer.
Elles auraient beau travailler de concert qu'elles y
perdraient jusqu'à leurs dernières bribes de droit
divin.

Supposez que le Prince Impérial, l'Empereur,
l'Impératrice, le Comte de Paris, la princesse Ma-
thilde, la princesse Clotilde et sa nombreuse famille, le Comte de Chambord et la comtesse de
Chambord, le nouveau prétendant Auguste de
Meuve, retour de l'Inde, le prince Bonaparte, retour de la forêt des Ardennes, s'y mettent, tous
hommes et femmes, jeunes et vieux, ils ne réussi-
raient pas dans cette croisade. Le droit de vote est
le don divin, que le fils du dernier chiffonnier de
France trouve en naissant dans son berceau.

Il n'y a que quelqu'un qui pourrait réussir et
qui réussirait prochainement, ce serait monsieur
tout le monde, si monsieur tout le monde continuait à déraisonner, si le peuple intelligent de
Paris continuait à envoyer au Corps législatif une
brochette de représentants analogues à ceux qui
sont sortis de l'urne au mois de février dernier.

Le suffrage universel est la République.

Pour tout homme qui réfléchit, le suffrage universel n'est pas supérieur à la République, il est la

République elle-même. Tant qu'il est respecté nous sommes en République, quand même la constitution prétendrait que nous sommes descendus en Empire ou tombés en Royauté. Ces affirmations ne seraient qu'un mensonge de plus. Elles n'offriraient d'autre inconvénient que de cacher au peuple sa propre grandeur, et de le tromper lui-même sur la nature et la portée de ses droits.

Ce qui le prouve, c'est que les aveugles et les traîtres qui ont voulu détruire l'œuvre du suffrage universel, ont été d'autant plus impuissants qu'ils étaient plus républicains. Car ce qui n'était qu'un parjure pour un Napoléon, ce qui ne serait qu'une forfaiture pour un prince, était un parricide pour un membre de la Commune proscrit chevronné.

Ce sont surtout les vrais républicains qui sont tenus à respecter le suffrage populaire sans lequel ils ne sont rien, et ne peuvent rien être. C'est ainsi que les vrais royalistes doivent supporter les mauvais rois, sans cela ils ne sont que des républicains déguisés.

Les vrais républicains ont donné à différentes reprises des preuves saillantes de leur respect pour le vote souverain, car plus d'une fois on les a vus refuser de se présenter au suffrage des électeurs, ou donner leurs démissions lorsqu'ils avaient été nommés. Je ne parle point de démissions factieuses, destinées à fomenter des désordres, mais de démissions envoyées avec calme, modestie, dignité civique, pour montrer une absence

complète d'ambition. Nous citerons dans cette catégorie les citoyens Michelet, Lacordaire, Bérenger,
Ledru-Rollin et le maréchal **Mac-Mahon**.

Il y a quelques années vivait à Paris dans une
maison non démolie par M. Haussmann, non brûlée par M. Raoul Rigault, un homme qui a laissé
des disciples, et ces disciples lui ont élevé des au-
tels commémoratifs ; on lui a fait une espèce d'apothéose, parce qu'il a écrit de très-gros volumes de
philosophie, qu'on ne peut lire sans aimer beaucoup l'humanité. Nous pouvons prendre notre bien
dans ce fatras, sans être obligé d'adorer les vieilles
chaussettes de l'auteur de la *Philosophie positive*. Or
nous trouvons dans lesdits volumes une vérité à laquelle du temps de la Commune tous ses disciples ne
se sont pas conformés. Il veut que les adeptes se tiennent en dehors des assemblées délibérantes du
gouvernement de la société, et ne cherchent à agir
que sur l'opinion. Le pouvoir temporel, subordon-
né au pouvoir spirituel, voilà l'œuvre de la civili-
sation de la raison ; voilà le plus bel hommage que
la réalité grossière puisse rendre à l'idée.

C'est le spectacle de l'orgie électorale de 1848,
à laquelle Comte a assisté, qui lui a permis de s'é-
lever à cette conception véritablement grandiose, à
laquelle convergeaient du reste les prétentions sa-
cerdotales qu'il affichait. Il faut avouer que les
Positivistes extrêmes, qui ont refusé de se confor-
mer à cette partie de la doctrine et qui ont brigué
les suffrages populaires même du temps de la

Commune ont fait si triste figure dans les derniers scrutins, que le peuple, comme l'eût fait Comte, les a excommuniés.

Il prend racine.

Les transformations du suffrage universel feraient la matière d'une curieuse monographie ; mais de toutes les sauces auxquelles on a cru devoir le mettre, il faut avouer que la plus mauvaise est sans contredit celle à laquelle il se trouve actuellement. L'opposition démocratique avait passé son temps à reprocher à l'Empire de noyer le suffrage des villes au milieu des votes ruraux, et le premier acte de la République est de déclarer que la circonscription électorale est le département ! C'est l'histoire de Gribouille qui se jette à l'eau pour éviter de se noyer ; mais Gribouille avait mis ses habits sous une pierre, tandis que je ne sais pas sous quelle pierre on a placé la République en un moment de folie.

En 1848 le parti républicain avait et devait avoir des illusions, sans cela il n'aurait pas eu le courage d'aller combattre pour le suffrage universel aux barricades de Février. Eût-il donné le coup de balai de trois jours, s'il avait cru que du tas de fumier sortirait un Empire, et que de cet Empire sortirait l'invasion, et que de cette invasion la France ne sortirait que mutilée, que Paris serait livré aux flammes, et que les barricades seraient prostituées à des agents prussiens. Ces illusions étaient nécessaires, mais les avoir conservées, voilà ce qui serait impardonnable et même inexplicable, si beaucoup de gens n'avaient rétabli le scrutin de liste afin de pêcher en eaux troubles électorales. S'ils n'avaient compté profiter de la chance qui s'attache aux noms connus en pareil désordre, ils auraient purement et simplement corrigé la loi impériale, ce qui n'offrait aucune difficulté. Du reste, en matière électorale, ce qu'il y a de plus mauvais, c'est de toucher à la loi fondamentale. Quelque défectueuse qu'elle soit, il vaut mieux la conserver, car de changement en changement on finirait par escamoter le suffrage populaire, et le suffrage populaire escamoté, adieu la République, adieu la liberté. Au bout d'un siècle à peine d'exercice, la loi la plus mauvaise deviendra tolérable dans la pratique, le tout est de ne point détruire sous prétexte d'améliorer. C'est au peuple à s'ingénier pour tirer le meilleur parti possible de ce fusil à vote qu'il a entre les mains, c'est le cas ou jamais de dire : Aide-toi, le ciel t'aidera. Le parti républicain a tort de tenir à sa vieille défroque, et la loi actuelle le prouve ; mais quelque mauvaise qu'elle puisse être, il faut demander qu'on la respecte et qu'on n'y touche pas. Peut-être l'Assemblée de Versailles sera-t-elle assez raisonnable pour la laisser subsister, parce que les gens qui ont une première fois gagné un quine à la loterie électorale s'imagineront qu'il en sera toujours de même. On n'aurait point obtenu de fermer la Roulette du Palais-Royal, si on avait su faire adopter la loi par une assemblée de joueurs heureux.

Ce que nous avons surtout à craindre, c'est le mauvais usage fait du droit qui nous reste, et qui suffira pour transformer progressivement les sociétés modernes, pour réaliser sûrement tous les progrès que nous entrevoyons. On dit que Paris ne s'est pas construit en un jour, et cela se voit bien puisqu'en trois jours la Commune n'a pu en brûler après tout qu'une faible fraction. Combien ne faut-il pas plus de temps pour construire la cité de l'avenir, pour réaliser sur la terre la *cité de Dieu!*

L'abbaye de Thélème du bon Rabelais demande de plus fins architectes que le Louvre et les Tuileries. Si les dynasties sont impuissantes à détruire le droit de vote, le peuple peut beaucoup pour arriver à ce résultat. Il n'y a que lui qui puisse par un horrible suicide sacrifier, ou pour parler plus exactement, suicider sa souveraineté. Puisque nous vantons tant la solidarité humaine, conservons le patrimoine de nos futurs petits-neveux.

Les folies électorales en avril 1848.

On peut dire sans exagération que les regards du monde entier sont tournés sur ce pauvre Paris, si éprouvé depuis plus d'un an. Amis et ennemis attendent avec anxiété de savoir comment la grande ville a voté au lendemain de si terribles événements. C'est avec une curiosité fébrile que la

Prusse nous contemple, car notre revanche est sûre, si nous savons supporter les plus grandes calamités en hommes fermes, en hommes sages, si nous avons profité des leçons du passé sans perdre de vue les légitimes espérances de l'avenir ; mais on ne comprendrait point la grandeur du succès, si l'on ne se rapportait à la chronique longue déjà du droit de suffrage : il est donc opportun, pour ajouter à la confusion de nos ennemis, de résumer l'histoire des folies électorales du peuple parisien.

Si l'on voulait chercher l'antipode moral de la situation actuelle de la capitale, il faudrait prendre Paris au mois d'avril 1848. Il est vrai, l'harmonie feinte plutôt que réelle des premiers jours de la révolution avait à peu près complétement disparu ; mais il était resté dans beaucoup de cœurs un grand fond d'enthousiasme. On croyait que l'heure de la rénovation sociale était proche, aussi les murs étaient-ils couverts d'affiches faisant des promesses pompeuses auxquelles les inventeurs, croyaient sincèrement quelquefois.

C'était l'époque où Jean Journet, l'apôtre, demandait une paire de souliers pour aller révolutionner le monde pacifiquement ! Pierre Dupont et Lachambaudie rayonnaient dans toute leur gloire, on voulait des ouvriers comme représentants, le bonheur du peuple était assuré, si l'on envoyait des prolétaires à l'Assemblée constituante, des prolétaires et des paysans pour toucher les bœufs traînant cette lourde charrue qui se nomme le budget.

Les clubs étaient nombreux, plus bruyants que violents, plus téméraires que dangereux pour les bourgeois. Il passait un souffle étrange dans l'air, les nuages étaient noirs au ciel, mais l'étincelle n'avait point jailli de la nue.

L'agitation ouvrière avait un centre, la délégation du Luxembourg, et une armée, les ateliers nationaux. Elle n'avait point de programme, mais certains agitateurs en avaient un pour elle, ce programme était : *Napoléon, nous l'aurons*, sur l'air des *Lampions*. Et ce chant sombre allait retentir au bruit du canon. Rendu prudent par deux échecs, le prétendant avait fait sonder le terrain électoral par ses cousins. Il attendait, il intriguait. En ce moment commença la manie des listes, chaque liste devait avoir ses ouvriers. La liste des délégués du Luxembourg en dehors du gouvernement provisoire n'avait que des ouvriers. C'était une exception. Les doctrinaires du parti, le peuple était déjà raisonnable, furent loin d'obtenir la majorité. Les membres du gouvernement provisoire passèrent tous d'emblée. C'est le contraire de ce qui arriva aux élections générales de 1871. Mais Paris émit alors un vote de colère et d'ignorance sur lequel il serait injuste de le condamner ! Juillet est l'appel de Février, trois mois de réflexion, quoique troublés par la Commune, auront suffi. On vit en avril 1848 des comédies bien étranges qui ne se reproduiront plus.

C'est alors qu'Alexandre Dumas, voulant être

ouvrier à son tour, inventa son fameux *Ouvrier de l'intelligence*. Mais comme cet ouvrier gagnait des centaines de mille francs, les prolétaires ne l'acceptèrent point. Alexandre Dumas avait fait cependant deux révolutions presque à lui seul, à peu près aussi complétement qu'il devait faire dix-huit ans plus tard la conquête de la Sicile, lorsqu'il devint la mouche du coche de Garibaldi. La foule hurlait à tue-tête sur tous les boulevards le chant des *Girondins* tiré du *Chevalier de Maison-Rouge*. Mais Dumas ne fut point admis à mourir pour la patrie au moins en qualité de représentant du peuple ! Il n'aurait pu se faire tuer que comme simple citoyen.

La pièce suivante que nous empruntons aux *Murailles révolutionnaires* de Delveau, montrera jusqu'où l'exclusivisme était poussé chez les vénérables ancêtres de la Commune.

Le nom du citoyen Daly, dit le citoyen candidat en manière de post-scriptum, *a figuré un instant sur la liste des délégués du Luxembourg, mais il a été enlevé, parce que, a-t-on dit, le citoyen César Daly est architecte et non point simplement ouvrier.* C'est à cette manie ouvrière que Louis Raybaud fait allusion dans sa *Recherche de la meilleure des républiques*, satire dont seule la monarchie profite. Malvina se met en quête d'un vrai meunier ne sachant pas lire, mais qui est bon républicain parce que le commissaire du département a été manger chez lui de la galette. On mena ledit

meunier dans un club, après l'avoir affublé d'une
blouse neuve, et son nom parut sur une grande
affiche avec ces mots éloquents : *Simon, meunier,
candidat du peuple.* Louis Raybaud, si j'ai bonne
mémoire, n'ose pas conduire Simon jusque sur
les bancs de l'Assemblée ; s'il y eût été, il eût sans
contredit voté la proposition Rateau, et ratissé la
Constituante pour la grande joie de M. Réac.

C'est M. Réac, création de Cham, qui ne pouvant
se dire ouvrier, se présente comme fils d'ouvrier et
invente le Bouse-pain.

Mais M. Réac en chair et en os avait entre ses
mains de bons ouvriers bien maniables, tels que le
citoyen Peupin, ouvrier horloger, qui se retira
de la politique dans les horloges de la ville, et qui
plus tard se retira dans les secrétariats impériaux :
c'était, à ce qu'il paraît, un ouvrier lettré. Un certain
Schmidt, chef de division au Ministère des finan-
·ces, se présenta en qualité d'ouvrier et fut élu. Le
plus curieux, c'est qu'il se trouvait en concurrence
avec un véritable ouvrier nommé Schmidt, qui,
lui, ne fut pas élu. Il prétendit que son homonyme
lui avait volé *ses voix.* Les deux Schmidt furent
renvoyés devant les électeurs pour vider leur dif-
férend. Le peuple ne nomma ni l'un ni l'autre, et
il fit bien.

Cependant, dès 1848, il y a eu des exemples de
représentants ouvriers, travaillant de bonne foi de
leurs propres mains. La démocratie allemande a
imité cette habitude respectable mais dangereuse

de la démocratie française. Toutefois ce n'est point une raison pour y renoncer. La représentation nationale n'est complète que si les représentants de toutes les fractions de la société y sont admis. Le travail ne peut être laissé en dehors d'assemblées où la fortune et la naissance ont toujours une part si belle, quelque effort qu'on fasse pour les ramener à de moindres proportions. Les ouvriers qui restèrent fidèles à leur programme furent généralement traités avec beaucoup de sévérité dans les réactions ultérieures; même lorsqu'on a le droit de porter la blouse, il est dangereux de s'en prévaloir pour se faire admettre dans une assemblée; les vrais travailleurs, dévoués au peuple, ne s'en effrayeront pas, mais il faut qu'ils sachent à quoi ils s'exposent en défendant les droits sacrés du travail : malheur à ceux qui se trompent sur la dose et l'heure! Mieux vaudrait dix fois tenter un coup d'État pour quelque prétendant.

En ces temps naïfs du suffrage universel, toutes les extravagances s'étalaient au grand jour. « Nom- « mons tous Turbi : sans fortune, il prendra les in- « térêts du pauvre; artiste de talent, il prendra « l'intérêt des arts et des artistes. Républicain cons- « ciencieux et éprouvé depuis dix-huit ans, il « prendra l'intérêt de la République et de tous ceux « qui sont vraiment républicains. » Un peu plus tard on devait placarder sur toutes les colonnes du boulevard une affiche encore plus laconique et plus expressive : *Nommons Batur, nommons Batur.*

Jamais Battur n'a dit ce qu'il était. Type des bons candidats, il n'arrivera à la postérité que par ces deux dissyllabes peu compromettantes.

On vit apparaître sur les murs de Paris la circulaire officielle du ministre de l'Intérieur, recommandant aux électeurs de ne prendre que des *républicains de la veille*, et non des *républicains du lendemain*. Ce timide essai d'influence produisit un effet facile à comprendre, et le suffrage populaire se défia de ceux qui se défiaient de lui ; c'est seulement depuis nos malheurs, que le gouvernement semble avoir compris la vraie politique républicaine, un peu par force peut-être, mais le résultat n'en est pas moins à consigner comme un progrès notable, d'autant plus sérieux qu'il s'impose et n'a point été prémédité. Cette leçon a été perdue pour Napoléon III qui vivait avec César, mais elle ne le sera pas pour M. Thiers qui vit avec nous.

Les élections du citoyen Louis-Napoléon Bonaparte.

La candidature du prince Louis-Napoléon Bonaparte fit encore moins de bruit que celle de ses cousins. Elle fut colportée dans les ateliers comme le meilleur moyen de tirer vengeance de l'Assemblée qui n'avait pas voulu se laisser jeter à la Seine le 15 mai. Napoléon III serait encore très-disposé à venger les classes ouvrières, en s'y prenant de la même façon qu'il y a vingt ans.

Lorsque l'Assemblée constituante discuta le rapport sur les élections du prince Bonaparte, des groupes nombreux envahirent la place de la Concorde, et l'on put croire que le 15 mai allait recommencer. Mais le général Clément Thomas chargea les émeutiers à la tête de la garde nationale et les poursuivit jusque sur le boulevard.

Le citoyen Louis Bonaparte était, comme on le sait, un vieux conspirateur de l'école italienne, sachant se montrer et se retirer à temps. Une démission opportune vint empêcher l'Assemblée de se prononcer sur la validité de son élection. Mais l'agitation ne cessa point. Les perturbateurs se portèrent sur les boulevards Saint-Denis et Saint-Martin où chaque soir eurent lieu des scènes de désordre et de violences. Des attroupements en apparence innocents servaient de prélude aux émeutes de Juin. Ces émeutes électorales avaient lieu aux cris de : « Vive Barbès ! Vive Napoléon, nous l'aurons. » On mélangeait le nom du prétendant avec celui du captif de Vincennes. Cette ruse était d'autant plus efficace que l'abolition des lois d'exil avait été soutenue par le citoyen Louis Blanc.

C'est après les affaires de Juin que le citoyen Bonaparte, élu cette fois par cinq départements, fut définitivement admis.

Il est impossible de ne point remarquer que c'est après les affaires de la Commune que l'élection des princes d'Orléans a été validée. Les nouveaux députés ont beau repousser toute assimilation avec les Bonaparte, il y a entre eux et le prince une analogie très-notable sous ce point de vue.

Puissent de nouvelles épreuves être épargnées à notre pays si éprouvé déjà ! puisse le peuple ne point se laisser tromper par un mariage adultère de la démocratie avec le bonapartisme militant !

Les tentatives seront nombreuses, car avant la clôture de la période électorale, l'*Avenir libéral* vient de relever le drapeau de la dynastie. C'était la *Liberté*, journal fondé sous les auspices de la démocratie napoléonienne, qui jouait ce rôle avant les affaires de juin. Ce journal électoral, qui atteignit rapidement un très-grand tirage, fut supprimé pendant l'état de siége et ne reparut plus.

M. Clément Duvernois, ancien ministre de l'Empire, vient de donner le signal d'une croisade napoléonienne en réclamant Paris comme capitale, et en faisant adhésion à la République provisoire. Espérons que l'avenir de l'*Avenir libéral* est de n'en avoir pas. Les premiers jalons posés, il est facile de voir ce que sera le plan de campagne ; sans doute l'*Avenir libéral* cessera bientôt de faire parler de lui.

Les conclaves démocrates socialistes.

L'insurrection de juin 1848 eut sa légende, comme l'insurrection de mars 1871 aura la sienne, malgré les crimes dont elle fut entourée. Des ambitieux ou des sectaires ne tardèrent point à s'emparer de cette tentative confuse. Proudhon oublia

qu'il avait vu l'argent et les munitions et les
ordres et les armes d'origine étrangère distribuées
par les agents des prétendants.

Toute l'habileté des conspirateurs bonapartistes
fut d'empêcher la constitution d'un parti réellement
conservateur de la République. Toute tentative fut
flétrie par la presse extrême, et poursuivie par le
gouvernement. Le Président faisait œuvre commune
avec les royalistes, sans cependant cesser de con-
spirer avec les ultras. Il avait un pied dans les deux
camps, connaissait les projets des deux grandes
factions et savait les opposer habilement l'une à
l'autre.

Les élections étaient alors une lutte entre la
réunion de la rue de Poitiers et les sociétés populaires. Il fallait appartenir à l'une ou à l'autre armée pour réussir. C'est ce qui explique pourquoi
M. Victor Hugo resta si longtemps, avec la rue de
Poitiers, le collègue de M. Thiers pour lequel il n'a
point assez de foudres aujourd'hui. Victor Hugo
déserta, suivant la chronique indiscrète, parce que
le Président ne l'avait point employé. M. Thiers,
trop faible pour empêcher le Président de devenir
empereur, mit vingt ans à prendre sa revanche et à
débarrasser le pays d'une dynastie antinationale,
despotique et démagogique à la fois. Ce n'est point
sans doute pour livrer la République à une famille
de prétendants coalisés avec le dernier représentant
du droit divin. Une telle issue serait indigne du
tact et de la dextérité que M. Thiers a montrés.

C'est M. Thiers qui eut le plus de part à la constitution de ce grand club électoral qu'on nomme la rue de Poitiers. En France, on peut dire que la rue rue de Poitiers fit les élections, qui ne furent pas républicaines, mais qui auraient pu sauver la République si M. Thiers avait pu s'entendre avec la minorité radicale. Malheureusement la montagne donna la main au prétendant lorsque la droite voulut empêcher le coup d'État.

Paris fut violemment agité pendant les élections générales de 1849, mais au milieu de ces troubles on pouvait voir des efforts sérieux pour arriver à la constitution du parti démocratique. Si l'agitation électorale eût été moins active et moins violente, peut-être serait-on arrivé à organiser une grande fraction républicaine voulant la paix, l'ordre et le progrès indéfini. En France la patience est, contrairement à la fable de La Fontaine, le fonds qui manque le plus constamment.

Un des membres les plus actifs des divers congrès socialistes fut M. Hippolyte Castille, écrivain très-fécond, très-emporté, très-admirateur du principe d'autorité. Il fut accusé, à plusieurs reprises, d'intelligences avec l'Élysée. Quand le coup d'État fut accompli, il reçut une récompense qui prouva que les soupçons ne s'étaient point égarés.

Quoi qu'il en soit, le congrès démocrate socialiste avait une organisation que l'on pourrait copier, sauf la base qui était blâmable, car les délégués étaient toujours nommés par acclamation. Jusqu'à cette époque les assemblées électorales n'avaient été que des interrogatoires plus ou moins ridicules de candidats dont la majeure partie avaient conscience de leur peu de mérite, et encombraient les tribunes afin de se faire connaître et de se donner quelques chances pour de futures élections.

Dès que le conclave eut parlé cette cacophonie cessa, les réunions publiques furent exclusivement réservées à la propagande électorale en faveur des élus du Comité. Ces réunions furent nombreuses et enthousiastes, mais le gouvernement ayant eu la prétention d'y introduire des commissaires de police, le Comité, plutôt que de céder sur ce point de détail, les supprima spontanément. Cette politique étrange parut suspecte à quelques bons esprits, qui insinuèrent que certains enthousiastes avaient de bonnes raisons sonnantes pour faire de la dignité.

L'élection des candidats avait eu lieu suivant les règles, après l'acceptation d'un programme écarlate avec accompagnément de séance de nuit. Le récit de ces débats décrits par des faux frères égaya les journaux de la rue de Poitiers. *Paris-Journal* avait des prédécesseurs dans l'art utile de soutirer les secrets de la Commune. Les orateurs les plus terribles en public, s'apprivoisaient quelquefois à bien bon marché.

Des scènes innombrables eurent lieu dans différentes réunions électorales dispersées par la force. Celles de la salle Martel, espèce de grange, étaient renommées par la vigueur des coups que les agents assenaient. Il y avait un long couloir dont le souvenir est peu agréable à maint bon citoyen.

L'enthousiasme du peuple était immense, et quoique la victoire ne fût que partielle, elle fut célébrée sur la place de l'Hôtel-de-ville par de bruyantes manifestations. Grâce à la Commune, tous ces souvenirs ont disparu en fumée.

C'est à cette époque que commença à s'enraciner l'habitude de voter pour des représentants incarcérés. C'est une habitude à laquelle les enragés ne veulent pas renoncer.

Les élections après décembre 1857.

La période électorale de juin 1871 offre certains rapports avec la nomination des premiers députés du Corps législatif. En effet, dans les deux cas, la grande ville était attristée par de nombreuses arrestations. Mais les victimes de décembre avaient pour elles le droit, la raison, la justice... Il n'en est pas de même aujourd'hui où la loi est du côté des gendarmes. Après le coup d'État, l'opposition républicaine pouvait se porter sur des noms connus ayant fait leurs preuves. Chaque vote en faveur du général Cavaignac était un soufflet donné à Napoléon III. C'est alors le triomphe des candidatures officielles, de sorte que les proclamations du gouvernement mettaient en relief le silence forcé des opposants, et le rendaient plus digne, plus éloquent qu'il n'était en réalité. On y voyait un tas de choses auxquelles personne sans doute n'avait songé en se taisant. Paris revendiquait alors la justice, il ne peut plus demander que la clémence pour ceux qui peuvent être considérés comme égarés. Il doit protester aussi contre l'injustice de la France, qui méconnaît ses patriotiques aspirations. Mais la France ne tardera point à reconnaître que quand Paris souffre, la France est malade. Comme la France tiendra à se guérir, elle cherchera à empêcher Paris de souffrir.

Le gouvernement du prince-président était si prodigue de déclarations rassurantes, qu'il était facile de voir que tous les bons citoyens devaient trembler. « Que toutes les candidatures se produisent sans crainte et sans opposition, » disait M. de Morny de sa voix la plus doucereuse. « Le gouvernement du prince-président se voyait atteint dans sa dignité et dans son honneur, si le moindre obstacle était mis à la liberté du scrutin. »

La Commune n'a jamais proclamé la liberté de la presse avec plus de franchise, et le citoyen Vermesch ne l'a point réclamée avec plus de bonhomie. Le gouvernement actuel a le bon sens de ne point faire tant d'efforts pour nous rassurer.

La démocratie avait fait passer deux députés à Paris, MM. Cavaignac et Carnot, qui crurent devoir envoyer leur démission par lettre affranchie. Sous l'influence de cet exemple et sous la pression secrète d'agents provocateurs, se développa la doctrine de l'abstention à laquelle se rallièrent des ultras. Ces hurleurs allèrent se perdre dans l'assemblée de la Commune de Paris, et finirent par déclarer que l'abstention était un crime de lèse-souveraineté.

Le défaut d'habitude de la vie civique et le désappointement produiront longtemps encore des abstentions nombreuses, mais les beaux jours de l'abstention systématique sont passés. Elle fut frappée à mort du jour où elle fut condamnée par les enragés qui l'avaient si sottement prônée.

Un groupe de délégués des corporations ouvrières protesta avec énergie contre tout abandon des devoirs civiques. Ces bons citoyens déclarèrent que le peuple est conservateur de la République, et qu'il a désormais tout à perdre à de nouvelles révolutions. Ces délégués ne cherchèrent point à imposer des noms, mais à encourager à la vie civique les esprits faibles, que la Commune avait séduits, et dont un sombre découragement pourrait s'emparer.

Les élections de 1857 et de 1863.

C'est en 1857, date mémorable dans nos annales parlementaires, que prit naissance la fameuse opposition des cinq. On peut dire réellement que ce fut l'opposition de la ville de Paris. En effet, les trois députés qui parlaient, MM. Jules Favre, Picard et Émile Ollivier, représentaient trois des arrondissements de la capitale, alors partagée en districts électoraux.

Si Paris doit être fier de son histoire électorale, c'est surtout en se rappelant ce que, grâce à l'appui moral de tous les patriotes, les *cinq* ont pu faire en si peu de temps. On se demande par suite de quel aveuglement on a renoncé à une loi électorale qui avait permis d'obtenir de si mémorables résultats. Le talent, la conviction, l'éloquence ont tout fait. Une cause qui paraissait désespérée a fini par être miraculeusement gagnée. Dans cette période électorale, les réunions n'étaient ni publiques ni secrètes. Elles étaient tolérées, grâce à la protection d'une loi obscure, grâce surtout à ce que le gouvernement, se croyant sûr du triomphe, voulait laisser à ses adversaires une ombre de liberté.

Dans ces temps sombres, la propagande orale suppléait à la presse. Il y avait peu d'articles dans les journaux et des affiches très-laconiques sur les murailles.

Rien n'égalait l'anxiété de la foule sur les boulevards en attendant la proclamation des résultats du scrutin. En apprenant qu'on avait su vaincre, on voyait que Paris n'était pas fait pour porter des fers et était digne de la liberté.

Les élections de 1863 furent faites par l'action des journaux qui avaient fini par conquérir une demi-liberté. Une coalition de rédacteurs en chef disposa du scrutin, et donna un coup terrible au système impérial. Le public comprit et se soumit. Le choix des candidats avait été heureux. Toutes les nuances de l'opposition se trouvaient habilement ménagées. Pas un candidat officiel ne passa. Il y eut le jour du vote une éclipse totale de lune : un ancien eût dit que c'était l'Empire lui-même qui s'éclipsait.

Cependant, que de peine on s'était donnée dans les régions officielles pour présenter au peuple des candidats acceptables ! Le gouvernement, contrairement à ses habitudes, avait jeté aux oubliettes les amis compromettants et compromis.

Les élections actuelles de juin ne seront pas moins heureuses si nous savons en profiter.

L'ichneumon est, comme on le sait, un insecte qui dépose des œufs microscopiques dans le sein de certaines grosses chenilles charnues ; l'œuf devient larve, et la larve dévore rapidement la victime dans le sein de laquelle elle a été introduite avec un dard aigu. Quand elle a épuisé son cycle de transformation, elle se change en glorieux papillon.

On peut dire que le Corps législatif et même l'Empire était ichneumonisé. La chenille impériale eut beau se débattre, il fallut qu'elle y passât et donnât naissance au papillon républicain dont la Prusse et la Commune ont un peu dédoré les ailes.

La crise de 1869.

Napoléon avait essayé les affiches officielles, mais les violentes objurgations de M. Persigny dénonçant violemment M. Thiers comme un ennemi de l'Em-

pire avaient eu encore moins de succès que les dou-
cereux conseils de M. Billault. Les grandes affiches
blanches n'étaient plus bonnes que dans les provinces où règnent les maires et les gardes cham-
pêtres, et où la prose officielle se fait écouter. On
vit donc changer subitement l'allure des réunions
électorales lors des élections générales de 1869.
Après avoir essayé de la compression avec M. de
Morny, et de la tolérance dans les temps intermé-
diaires, l'Empire voulut essayer de la liberté.
C'était le conseil donné par Émile Ollivier, le jeune
converti. Les petits papiers de l'Empire montrent
que cet essai fut tenté avec toute la bonne foi que
l'on pouvait attendre de l'auteur du coup d'État.
Ainsi les réunions électorales de cette période dé-
passèrent en violences celles de 1848 et 1849.
Anciennement on détachait des bonapartistes fu-
ribonds, tel que Hugelman, qui avait fait son apparition en 1863 en *qualité de candidat des mères!*
Il les suppliait de parler pour lui afin d'éviter que
leurs fils ne fussent massacrés; il eut 15 voix.
M. Rouher inventa des républicains enragés. Il
paya les frais de la candidature du citoyen Jules
Vallès, qui fut jeté dans les jambes de Jules Simon. C'est à partir de cette époque que les candidats bonapartistes commencèrent à prendre l'habitude de mettre leur drapeau dans leur poche.
On espérait, à l'aide de ces scènes de violence
soigneusement décrites dans les journaux bien
pensants, arriver à dégoûter la bourgeoisie de faire

de l'opposition. Il est incontestable qu'en faisant
la part du feu révolutionnaire, on améliora l'esprit
de la province; mais à quel prix! Les réunions électorales furent successivement désertées par les orateurs qui se respectaient et livrées à des énergumè-
nes servant leurs rancunes personnelles en même
temps que les passions de la police. M. Jules Favre
fut particulièrement désigné à la fureur de ces
aboyeurs, qui acquirent rapidement une sorte de
notoriété et devinrent les coryphées de la Commune. L'affiche dite radicale est émaillée des noms
d'un certain nombre de traînards de cette bande
qui ont eu le bonheur d'échapper à la fusillade on
sait pourquoi. Les élections partielles et l'agitation plébiscitaire donnèrent à cette écume tout le
temps de mousser. Il était facile de voir que l'Empire entrait dans sa période finale, et que sans
quelque événement extraordinaire il était emporté.
Napoléon III crut se raccrocher aux branches en
déclarant la guerre à la Prusse; on sait ce que cette
branche nous a coûté. En réalité, l'Empire est mort
d'une élection rentrée. La guerre de Prusse n'a fait
que le liquider, liquidation horrible; mais comment l'avions-nous laissé s'installer? Que la leçon nous profite, et que nous n'allions point
perdre nos dernières chances de prospérité future
en allant dans le sein de la famille rivale chercher
quelques dictateurs couronnés.

La comédie de Février 1871.

Contrairement aux habitudes des historiens, nous allons diminuer le nombre des détails à mesure que nous nous approchons de l'époque actuelle. Nous nous ferons un devoir de ne donner que ceux qui sont strictement nécessaires à l'étude de la crise que nous parcourons.

Le triomphe de l'ignorance, de l'intrigue basse et vile, de la calomnie haineuse, a été l'élection de Février. De plats menteurs ont déclamé dans tous les clubs et dans toutes les feuilles borgnes contre les membres de la Défense nationale qui avaient eu la gloire de ne point désespérer après Sedan.

Quelques hommes honorables, grâce au désordre du scrutin, se glissèrent dans la liste des députés. Jamais Paris n'avait vomi une représentation aussi indigne de le représenter, et cependant, il faut le dire, l'élection avait été libre, et cette députation était l'expression des préjugés parisiens. Mais, si le vote était libre, Paris ne l'avait pas été. Il n'avait pas eu le temps de voir ce qu'était la France du dehors, de comprendre la trame immonde, de saisir la main des complices de la Prusse. Le vote de Février était l'œuvre d'une garde nationale affolée, et le prélude de désastres bien terribles. Nous devons nous considérer comme bien heureux qu'on ait pu faire la part de la Commune, et que Paris soit encore debout. Jamais capitale n'a supporté des épreuves aussi terribles. Quel est le lâche qui douterait de l'avenir de Paris?

Les scrutins de la Commune.

Beaucoup de candidats destinés à une chute grotesque se targuent du nombre de voix qu'ils sont parvenus à raccrocher dans les élections dernières. Peut-être garderaient-ils le silence sur cette nature de titres, s'ils avaient fait la remarque que presque tous les Communards ont été recrutés parmi les fruits secs de ce scrutin : Arthur Arnould, Murat, Lefrançais, Léo Meillet, Flourens, Ranvier, Assy, Varlin, Eudes, Pindy, Johannard, Amouroux, Blanqui, Courbet, Briome, Mégy, Vaillant, Theisz, Duval, Cluseret, et même Dereure, l'adjoint de Montmartre, avaient plus de vingt mille voix! Ce dernier fut même si vexé de se trouver éliminé, qu'il adressa une allocution grossière à ses employés, disant qu'il allait f..... sa démission, puisque le peuple ne lui f...... pas assez de voix.

C'est peut-être à ce dépit électoral qu'il faut attribuer le sans-façon hideux avec lequel les dieux communards ont traité le suffrage lorsqu'ils ont eu l'audace de prononcer sans rire sur un scrutin dérisoire, parodie d'un vote sérieux. Dans ces temps héroïques de la dictature, les affiches étaient rares, presque nulles. Les professions de foi étaient inutiles, le nom seul devait suffire, et il suffisait véritablement.

Il n'y avait ni contrôle, ni garantie, ni publicité. Il faut savoir gré aux Communards de ne point avoir ajouté des queues pour en faire des neuf aux zéros de leurs totaux.

Malheureusement leur exemple n'a point été perdu. Bien des fabricateurs de listes ont omis de nous faire confidence des motifs qui les ont décidés à se prononcer pour leurs élus. D'autres, plus habiles, ont gardé le secret électoral jusqu'au dernier moment. C'est le procédé de la Commune, qui donnait juste la nuit pour se recueillir, et qui faisait porter l'urne aux factieux. Nous étions loin du *Cedant arma togæ* des républicains de la vieille Rome. Mais quand la gloire de la Commune l'exige, il n'y fallait point regarder de si près.

Paris brûlé.

La vue générale de Paris, au moins pour un observateur superficiel, n'a pas changé autant qu'on aurait pu le croire. Le théâtre électoral ne diffère pas beaucoup de ce qu'il était autrefois, il y a même des endroits où il semble s'être amélioré. Il est certain que la place du Carrousel a déjà gagné à la destruction des toits qui écrasaient le Palais du côté du jardin, elle gagnera plus encore lorsque le Pavillon central aura été dégagé des ailes sacrifiées, et que le jardin aura été poussé jusque sur la place de l'ancien château. La France fera encore plus de bénéfices si la royauté a été brûlée avec son domicile traditionnel.

Il y a des gens qui prétendent qu'au point de vue architectural, la colonne gâtait la place Vendôme, et qu'il serait sage de se contenter d'utiliser le socle pour servir de piédestal à une statue. Quant au monobronze, ne pourrait-on en faire des médailles commémoratives distribuées, soit aux citoyens qui se sont distingués à la guerre, soit aux villes qui ont le plus souffert de l'invasion? Paris a toujours eu le goût des ruines, et M. Haussmann a dépensé beaucoup d'art pour en faire de factices, ou pour réparer celles que nous ont léguées les Romains, mais jamais il n'a fait aussi bien que les incendiaires qui ont fait disparaître les traces de ses contes fantastiques dans les poétiques décombres de son palais.

La foule qui venait aux arènes de la rue Monge, a de quoi se consoler de ce que l'on ait restitué l'amphithéâtre de Chilpéric à la Compagnie générale des omnibus, car les restes du Ministère des finances montrent des arcades et des portiques comme jamais Colysée n'en posséda.

Les souscripteurs de l'Emprunt national sont bien loin, il faut le dire, de regretter les queues de la rue du mont Thabor ou de la rue de Rivoli.

Le palais de l'Industrie, ancienne ambulance internationale, leur paraît on ne peut plus convenable pour établir le grand hôpital financier de la France ; c'est un vrai plaisir d'y aller déposer ses douze francs, il est fâcheux qu'on ne puisse pas y aller trois cent soixante jours par an. « Quel malheur, » ajoutait un vieux médaillé de Sainte-Hélène, « que Napoléon III ne puisse nous voir, car en s'apercevant qu'on emprunte et que l'on souscrit encore, Sa Majesté de Chislehurst s'imaginerait encore régner ! Ah ! Monsieur, si l'Empereur avait tout pris pour lui, il nous avait laissé l'Emprunt pour nous, car il l'avait appelé *National*, et non *Impérial*, comme l'Opéra, la Garde et l'Institut. »

Les emprunts sont en effet devenus une constitution publique de premier ordre, ce dont les Prussiens ne se doutaient pas. Le *Siècle*, qui s'y connaît, s'écrie, dans un accès d'enthousiasme : « Cinq milliards souscrits en un jour, les Prussiens ne pourraient jamais faire comme nous ! Qu'ils s'y frottent, les traîtres, ils aiment mieux ne point s'y risquer et nous faire emprunter pour eux ! » Cinq milliards qu'ils nous demandent, rien qu'avec l'impôt des allumettes on arrivera à les payer. Cinq milliards, « *qu'est-ce que c'est que ça?* »

La Prusse sotte, morne et rogue payerait bien les cinq milliards qu'elle nous demande pour avoir sous son casque autant d'esprit que Paris dans son petit doigt..... même lorsque Paris brûlait, personne ne désespérait de la grande ville à laquelle des lâches et des espions avaient mis le feu. En voyant la grâce avec laquelle les flammes montaient jusqu'aux nuages, un bourgeois fort propriétaire ne pouvait contenir son orgueil patriotique, et oubliant que ses six étages façade sur la rue de Rivoli pouvaient rôtir en cinq minutes : « Décidément, s'écriait-il, il n'y a que Paris qui sache flamber comme cela. »

Il y a cependant quelque chose de changé, hélas! et de bien changé. Ce quelque chose, pour s'en apercevoir, il faut traverser les quartiers pauvres et surtout s'en aller à Versailles, à l'avenue de l'Orangerie. C'est là qu'on voit les femmes et les enfants accumulés auprès des grilles de l'Orangerie..., en attendant l'occasion de faire passer un message aux prisonniers! Si l'on pouvait traverser les couloirs de la maison d'arrêt de Versailles, écouter ce qui se dit, ce qui se pense dans les cellules, aller dans le camp de Satory, et enfin monter à bord des pontons.

Beaucoup de ces prisonniers sont criminels..., mais beaucoup laissent un vide derrière eux. Il y a dans Paris quelqu'un qui les pleure. Dans toutes ces femmes en deuil que nous rencontrons, beaucoup pleurent la liberté d'un être cher...

Tous ne peuvent revenir, hélas! et le crime de la Commune est d'avoir rendu des expiations presque inévitables.

Mais la vraie politique humaine et républicaine est de faire la plus petite possible la part de l'exil, de la prison..., et s'il est nécessaire, s'il est indispensable, je ne prononce le mot qu'en tremblant, de l'échafaud... En tout cas les Israélites avaient un petit nombre de boucs émissaires qu'ils chargeaient des péchés d'Israël ; pourquoi la République française, choisissant avec soin quelques traîtres vendus à l'étranger, n'imiterait-elle pas le peuple de Dieu ?

La mendicité électorale dans les rues.

La mendicité est interdite dans le département de la Seine, est interdite par le maire de Paris : si cette règle s'appliquait aux suffrages, il y aurait une dangereuse insurrection. Les candidats à affiches seraient assez nombreux pour faire des barricades que le maréchal Mac-Mahon n'emporterait point sans difficulté. Toutefois, il faut reconnaître que de ce côté les mœurs publiques ont fait un progrès notable. On ne voit plus apparaître ces Chodruc-Duclos du suffrage universel, qui posaient leurs candidatures permanentes à la présidence de la République et à toutes les élections. M. Bertron, le candidat humain, n'a point lancé ses circulaires drôlatiques, utiles, hélas ! dans les temps prospères de l'Empire à égayer les scrutins. M. Gagne, le candidat divin, se contente d'envoyer sa poésie aux journaux dont quelques-uns en publient des bribes, et l'apôtre de l'*Archi-Unitéide* se déclare satisfait. Un grand financier directeur de caisse d'épargne vient de se révéler ; homme prudent, qui veut épargner sa peine, il ne parlera que lorsqu'il sera nommé. Il est vrai qu'il n'épargne guère ni son papier ni sa colle, car il vient de publier un nouveau placard pour annoncer qu'il a obtenu un grand succès dans un discours prononcé devant un ancien magistrat consulaire qui considérant son triomphe comme essentiel au salut de la France, a promis de lui donner sa voix. Pêche toujours qui en prend un.

M. Édouard Fergusson, ingénieur civil, serait sans doute très-malheureux si nous le passions sous silence, car il a publié une bien belle affiche jaune montrant un plan de la réforme gouvernementale qu'il médite. La société est bien réglée, puisque tous les corps de l'État sont rangés dans des lignes horizontales et verticales dont il a donné le plan : c'est une espèce de table de multiplication... Je doute que ce soit la multiplication des pains. C'est sur cette opération biblique que compte sans doute le citoyen Bonvalet, candidat républicain. De tous les maires de Paris, c'était le citoyen Bonvalet qui donnait le meilleur bouillon, quoiqu'il soit rouge, c'est un candidat cordon bleu. Peut-être en y regardant de près trouverait-on une variante élégante de l'annonce, dans certaines candidatures industrielles destinées à populariser quelques industries de circonstance. Mais soyons indulgents. Les vraies candidatures dangereuses, blâmables et coupables, ce sont celles des anguilles monarchiques, qui se trouvent tapies sous roche, et qui attendent les occasions sinistres où le peuple aurait besoin d'avoir recours à leur dévouement. Ceux-là sont plus coupables, même que les représentants du peuple qui se contentent de rester spectateurs des troubles civils provoqués par les calomnies dont ils se sont faits les échos ! J'ai presque pitié de frapper sur de pauvres diables qui ne sont que ridicules, quand je peux coudoyer sur l'asphalte des hommes à qui la République a rendu la patrie avec une générosité royale, et qui n'ont pas trouvé dans leur âme dynastique une seule parole de concorde, d'espérance et de fraternité.

Il y en a aussi qui sont atroces ; ce sont ceux qui irritent les juges, quand ceux qu'ils ont égarés sont encore à juger.

Nous reparlerons de ces incorrigibles que des combinaisons hostiles à la France, à la République mettent peut-être en avant, car il faut savoir qui lance dans les jambes de notre pauvre République, ces candidats brûlots !

Il y a même un certain avantage à étudier les professions de foi généralement naïves des candidats des rues. Quelques-uns de ceux qui ont ainsi pris l'avance, sont repêchés par des comités et sont alors rangés parmi les candidats sérieux. Je m'étonne qu'ils n'aient point assez d'esprit et d'initiative pour se fédérer tout seuls comme l'ont fait les gardes nationaux. Qu'ils se groupent par catégories, cela leur sera plus profitable que de chercher à forcer l'entrée des grandes listes des journaux. Ce qui leur manque le plus, c'est d'être connus de leurs électeurs. Si j'étais photographe, j'ouvrirais boutique pour photographier gratis tous les candidats

qui se sont fait afficher. Il y a des électeurs qui
voudraient s'assortir avant d'aller à l'urne. J'aurais bien soin d'indiquer leur état civil et de
dire quel est leur âge, s'ils sont mariés, veufs ou
garçons, combien ils ont d'enfants, s'ils paient leur
terme, s'ils logent en garni, ou s'ils sont dans leurs
meubles, s'ils ont des chiens, des chats ou des enfants, s'ils ont été au service, s'ils se sont fait
remplacer, ou s'ils sont réfractaires, enfin s'ils ont
été vaccinés et surtout revaccinés.

Les mairies devraient préparer des feuilles avec
tous ces renseignements à l'usage des électeurs in-
décis, jusqu'au moment du scrutin. Bien peu donnent leur adresse, excepté un colonel qui ne donne
que cela pour tout renseignement. Le doyen de
ce scandidats errants est, je crois, M. Beaudemoulin,
le directeur de caisse d'épargne. Malheureusement
cet homme est tout mystère. On ne sait même pas
si ses yeux sont de la même couleur que ses cheveux, ce qui est un signe excellent tendant à prou-
ver que le candidat a l'intention de tenir un bon
demi-quart des promesses qu'il fait. Ce serait beaucoup dans le cas de M. Beaudemoulin, puisqu'il
promet de tout payer sans impôts, sans assignats,
sans emprunts, pourvu qu'on donne à sa voix la force
nécessaire pour se faire entendre en l'envoyant à
Versailles. M. Beaudemoulin aurait dû entrer à la
Chambre comme un âne dans un moulin. Il est
resté à la porte avec un restaurateur connaissant
tous les trucs pour empêcher la droite de restaurer

la monarchie, cette vieille famélique, édentée,
éhontée.....

Le plus franc de tous les candidats errants,
n'ayant point la moindre liste pour abriter leur
chance, est le citoyen Valin, ex-professeur de lit-
térature. Celui-là déclare qu'il se présente pour
être utile à tous, et comme il se comprend certainement dans ce total, cela veut dire qu'il a besoin
de se refaire après deux siéges en en prenant un.

Il y a beaucoup de gens comme lui, qui ne seraient pas fâchés d'aller faire un petit tour à Versailles, pour prendre l'air aux frais du budget, à
condition que ce ne fût pas trop près de l'Orangerie
ou de Satory.

Il y a un candidat Tantale qui me fait véritablement pitié, c'est M. de Lagarde, qui a commencé
en 1829 à être rédacteur des procès-verbaux de la
Chambre. Le malheureux a pendant trente ans
écouté toutes les sornettes débitées à la tribune
royale, impériale et nationale, sans avoir le droit
d'ouvrir la bouche, même pour rire ou pour bâiller.
Excepté peut-être le 4 septembre, le 15 mai ou le
24 février!! Pitié pour cet infortuné qui a sans
doute des centaines de discours rentrés. Ceux qui
ont eu une voix de trop sur leur liste et l'ont ou-
blié, ont commis une mauvaise action. Je les con-
damne à s'abonner pour un an au journal du citoyen Pioche, « homme de labeur »; qui ne veut
pas faire mentir son nom, et qui doit piocher ferme
s'il veut s'ouvrir une tranchée électorale jusqu'à

l'arène parlementaire ! Comme je crois le citoyen Pioche, directeur du journal *l'Économie*, fort honnête, je pense que le *Labor improbus* auquel il se livre ne réussira point.

Les candidats militaires sont fort nombreux, il y aurait de quoi commander toute une armée. Je regrette de rencontrer parmi ces Bélisaires, des hommes que le suffrage populaire devrait aller chercher, mais les Parisiens sont aussi ingrats que Justinien.

On n'a pas du reste besoin de crever les yeux à ces braves gens qui la plupart sont, on peut s'en convaincre par la lecture de leurs affiches, aveugles depuis longtemps. Un commandant d'artillerie demande à entrer à l'Assemblée parce qu'il a fait fondre des mitrailleuses. Est-ce qu'il voudrait foudroyer la réaction ? Un autre nous annonce qu'il est ancien élève de Saint-Cyr et qu'il fut capitaine de place pendant l'investissement de Paris. Un troisième sert dans la marine, c'est un excellent homme qui a vu gonfler et crever bien des ballons. Que n'a-t-il vu que sa candidature allait faire explosion ? Un quatrième qui a, paraît-il, beaucoup navigué, s'inquiète de la question des loyers et de celle des échéances. Comment a-t-il appris ce qu'il faut faire en faisant son quart, et en demeurant au quarré des officiers..... Il y en a qui ont rendu des services réels, glorieux, dans la guerre étrangère et dans la guerre civile, mais le mandat électoral n'est point une prime qu'on attache au mât de cocagne du suffrage universel, comme une montre en or ou une cuillère à pot. Je ne peux rencontrer une de ces candidatures sans songer au pauvre Georges le sauveteur, qui mendiait un siége à la Constituante de 1848, et qui courait inutilement les foires électorales avec une poitrine couverte de ferblanterie ! Ces prétentions ont été tranchées d'un seul coup par la patriotique conduite du capitaine Trèves, qui, entré le premier dans Paris, par la brèche béante, refusa de se laisser porter à l'Assemblée.

Un côté moins sérieux est le succès obtenu par les grandes affiches du chocolat Menier. Jusqu'à ce jour, l'Empire, grâce à M. Devinck, avait seul son chocolat, nous allons avoir aussi notre chocolat républicain. Il paraît que Saint-Denis a produit la candidature semi-rurale d'un marchand d'allumettes. La question des allumettes est devenue une question capitale depuis les incendies de la Commune. Mais ce citoyen ne vend que des allumettes de sûreté. Il ferait la chasse aux allumettes du citoyen Hugo.

Une catégorie nombreuse est celle des Lorrains et des Alsaciens, qui demandent à Paris de les dédommager d'avoir perdu leur patrie. Le plus remarquable est un enfant de Paris qui annonce, dans une affiche supplémentaire, qu'il est fils d'un des fondateurs de l'industrie cotonnière en Alsace. Le peuple de Paris a si bon cœur que toutes les listes ont senti le besoin d'avoir leur

Alsacien. C'est un sentiment qui nous honore aussi bien que les provinces provisoirement arrachées à la République, dégradées de leur qualité de françaises et ravalées au niveau des Prussiens. Mais dans ces Alsaciens, voilà quelques candidats louches chez lesquels on peut voir frétiller des appétits monarchiques : l'un d'eux déclare qu'il aime le régime qui a donné l'Alsace et la Lorraine à la la France. Ce malheureux oserait-il dire que c'est la République qui l'en a privée ?

Si on en excepte cette phrase obscure, tous les candidats qui ne sont pas républicains, font en sorte que l'on puisse croire qu'ils le sont ! Quel enseignement pour les prétendants, s'ils viennent flairer nos murailles électorales, que de voir où en est la monarchie. Cette quasi-unanimité doit faire passer sur bien des ridicules. En général on sent que les intentions sont honnêtes et peu utopiques. Les hommes de partis dangereux ont dû se taire en février, ils hurlaient. Le mot d'ordre de cette plèbe électorale était la haine et l'outrage, aujourd'hui tout ce qui parle a confiance dans le gouvernement de M. Thiers et presque dans l'Assemblée ; les cris des rues ont bien leur valeur. C'est un signe des temps. Sourds et aveugles sont ceux qui ne comprendraient point. M. Thiers certainement n'est pas de ceux-là.

Le Parnasse électoral.

Si Platon, qui chassait les poëtes de sa Répu-

blique, était obligé de voter avec nous, il ferait sans
doute placarder sur tous les murs une bande analogue à celle qui portait en février : *Surtout pas d'a-
vocats.* Il aurait sans doute plus de chances que ce
sage anonyme, qui ne fut guère écouté. En effet si
nous exceptons les célébrités qui, comme
Hugo et comme Gagne, ne peuvent dissimuler leur
qualité, les malheureux rimailleurs se cachent
d'avoir fait des vers, comme si c'était d'avoir commis une mauvaise action! Que de malheureux se
sont torturé la cervelle pour gravir les pentes
escarpées du Parnasse, parmi ces publicistes qui
viennent mendier nos suffrages, et dont les affiches nous arrêtent à tous les coins de rues ! Pu-
bliciste est en effet un terme commode, espèce
de domino littéraire, qui fait que celui qui le porte
peut être considéré comme une espèce de candidat masqué. Si j'avais pu mettre la main sur le re-
gistre de l'*union des poëtes*, j'aurais découvert bien
des membres de cette dangereuse confrérie. Rien
que dans l'affiche écarlate du Comité radical j'en
saisis deux ou trois. L'un d'eux est le citoyen Laurent Pichat qui, comme son patron de l'Escurial,
parvient à se retourner sur le gril ; car il ne s'est
point contenté de figurer sur une liste au pétrole
avec le citoyen Hugo. On peut dire que M. Laurent
Pichat est poëte de naissance, qu'il fut nourri sur
les marches du Temple où bien avant Gagne il fit
vibrer ses *libres paroles* imprimées sur vélin, avant
que le tonnerre de février grondât. Dans ses

premiers élans le futur rédacteur du *Phare de la Loire* montrait peu de l'enthousiasme qui alluma une tempête sous son crâne républicain.

> « Ah ! je t'aime, Byron, car tu nous as laissé
> « Ton scepticisme amer..... »

Le jeune poëte ne veut pas non plus

> « Qu'avec un faux principe
> « On appelle le peuple à la haine des rois. »

Devinant la Commune qui ne lui fait plus peur, depuis que Hugo, l'Hôte des communeux, le prend pour son candidat, Laurent Pichat s'écrie :

> « Je crains le mousquet des montagnards. »

Peu de perles à trouver dans le fumier de ces poëtes opulents. Car il n'y a pas de routes carrossables pour grimper là-haut, et les millionnaires doivent comme les besaciers faire le chemin à pied. Un confrère de M. Laurent Pichat, confrère en affiches et en conciliation, a fait du bruit à l'Académie de Batignolles. Car sa *Jeunesse de Vandyck*, dont il ne revendique point l'honneur, a eu pour le moins trois représentations.

Cet actif courtier positiviste, qui trottait menu sur la route de Versailles, en compagnie de l'illustre Bonvalet, a donné au monde littéraire des atellanes destinées sans doute à consoler de la perte de celle de Memmius, que les communeux romains ont incendiées. On y trouve des vers, que certes Boileau pas plus que le Comité de la garde nationale n'aurait laissé afficher :

> « Les destructeurs d'États, les héros de rapine,
> « Entrepreneurs en grand, de sac et de ruines,
> « Seraient des bienfaiteurs ! ! *Il convient pour cela*
> « De mettre à l'Institut, le buste d'Attila.

O Hugo, grand Hôte universel de la place des Martyrs, que dis-tu de ces vers-là ?

Il traîne encore sur la même liste un gros monsieur chauve, poussif, quinteux, socialiste, qui a commis plusieurs volumes de vers ! Certes, je ne les aurais jamais lus, pas plus que le commun des martyrs littéraires, si je n'avais aperçu le fameux placard écarlate. Dans ce bouquet poétique se trouve une fleur délicate dédiée à Hugo :

> « Rien ne s'ébauche ou ne se termine,
> « Dans ce siècle ému que votre œuvre domine,
> « Qui ne doive humblement vous être présenté,
> « Votre nom rayonnant sur toute dédicace
> « Apparaît. Tout poête *à vos splendeurs s'efface,*
> « *Mais nous conduirez-vous à l'Immortalité !* »

Non, mille fois non, quand il vous aurait conduits tous à l'Assemblée nationale, où tous vous vouliez entrer derrière lui... Une liste modérée elle-même a aussi ses poëtes parmi lesquels nous ne citerons que M. Ratisbonne. Il ne faut pas nous fairetrop d'ennemis.

M. Ratisbonne, en 1849, écrivit, les *Deux Prin-*

temps qu'il dédia à son ami Deschanel, autre nau-
fragé qui, fatigué d'être grand orateur, se fait petit
candidat. Quelques-uns des vers adressés à l'auteur
du *Mal qu'on dit des femmes*, ne sont pas mal trous-
sés. Ils nous dédommageront du singulier bouquet que j'ai dû présenter :

> « Les marguerites sont écloses,
> « L'hiver s'est enfui triste et nu ;
> « Avec les lilas et les roses,
> « Un gai printemps est revenu :
> « Salut, saison qu'amour féconde,
> « Tu brilleras pour tout le monde. »

Les Muses n'ont jamais aimé les tristes ombrages
de Versailles, même du temps du grand roi les
poëtes n'y allaient point sans nécessité ! mieux vaut
faire un beau sonnet que cinquante mauvaises lois.
A ceux pour qui la rime est rebelle laissons le
mandat. Exilons-nous de la République officielle,
quand même Platon ne nous en chasserait pas.

La tribune des candidats.

Le scrutin de liste a tué la réunion électorale
qui n'avait d'importance sérieuse que du temps de
l'Empire, c'est-à-dire alors qu'elle était à peu près
interdite. Aujourd'hui il faudrait qu'un candidat
pût se couper en mille morceaux pour passer sous
les yeux du peuple réuni dans ses comices.

La plus grande salle connue, celle de l'Exposition
universelle de Londres, ne contenant que huit

mille personnes, si elle se trouvait à Paris, il faudrait qu'elle se renouvelât trente fois au moins en vingt jours pour que tous les électeurs de Paris et de la banlieue pussent y passer. Les 1,000 ou 1,500 spectateurs de la salle des Folies Bergères ou du Casino Cadet ne sont qu'un atome électoral, et encore de ces 1,000 ou 1,500, que resterait-il, si on défalquait les étrangers, les flâneurs et les agents? Le propriétaire ou le locataire de la salle est l'homme qui rit en pareille circonstance, car on perçoit un droit de vingt-cinq centimes par tête, et le candidat ne coûte rien. Si les périodes électorales étaient plus longues, on ferait des intermèdes musicaux. Peu s'en est fallu, l'autre jour, qu'il n'en fût ainsi à la salle Bergère, où un farceur demandait à un descendant de Rouget de Lisle, de chanter l'hymne de son ancêtre...... Quelquefois on voit surgir des incidents dignes de figurer dans les comptes-rendus des journaux. Ces réunions, si nulles d'ordinaire, peuvent devenir tumultueuses et intéressantes, si on prononce le nom de Gambetta! C'est dans une réunion électorale analogue que le candidat soleil a fait son apparition à Bordeaux.

Sauf ces cas exceptionnels, et la réunion est alors un rendez-vous d'amis, le public est bon diable, plein d'indulgence. Il ne demande qu'à lever chaque main pour appuyer tous les candidats : cela coûte si peu et leur fait tant plaisir. Ces pauvres diables viennent du reste dépenser leur salive et n'ont même point, dans beaucoup de cas, un verre d'eau sucrée pour se désaltérer. Quelquefois cependant on exécute les candidats qui exagèrent le ridicule ; mais cette douche électorale, d'ordinaire, ne guérit point la victime. Elle se précipite à la porte pour prendre l'air, et s'il passe un fiacre le prendre aussi à la course, afin de naviguer dans des quartiers peuplés par une population mieux à même de comprendre les grands intérêts de la République et de l'humanité...

L'aspect extérieur de ces réunions n'a pas moins changé que le personnel délibérant. Plus de commissaires, plus de brassards, plus d'appareil démocratique.

Les chefs d'emploi se sont donné de l'air, et foulent noblement l'asphalte de l'étranger ; ils paradent à Londres, à New-Yorck ou à Berlin. Mais les malheureux crédules et honnêtes qui remplissaient les grandes utilités, les remplissent encore sur les pontons et à Versailles, à moins qu'ils n'aient été exécutés. Tout le monde ne peut avoir dans la presse des amis qui vous fassent passer pour fusillé. On voit des spectacles touchants de concorde et d'urbanité. Les candidats, assis les uns à côté des autres, sont en meilleure intelligence que les chiens et les chats, les serpents et les chouettes qui vivent pêle-mêle dans la cage du mendiant de Trafalgar-Square. La séance ne manque point d'intérêt et vaut mieux que les Pupazzi de Neuville, quand l'entrepreneur, en homme sage, sert à son auditoire une bonne gibelotte de candidats.

La matelote est un plat réactionnaire qui ne se mange guère que chez les ruraux.

Le défilé des listes.

Des comités électoraux, nous n'en parlerons point, car ils ont la précaution de garder l'anonyme ; c'est un exemple de modestie que leur a donné le Comité de la garde nationale de pétrolesque mémoire. Tant de modestie doit constamment nous toucher. Les noms les plus burlesques couvrent les murailles, *Comité d'Union*, *Comité départemental*, *Comité des comités*. Qu'est-ce qui compose le mieux les délégations ? N'est-ce point ceux qui se nomment eux-mêmes, après tout ? Voilà donc une forme nouvelle du gouvernement du peuple par le peuple, qui se trouve intronisée... Faut-il s'en plaindre ? N'est-il pas naturel que les ambitieux et les impatients se déguisent, qu'ils se groupent, qu'ils se tassent puisque l'heure est aux impatiences et aux nullités ? La République ressemble un peu à la femme d'Ulysse qui tissait sa toile afin de gagner du temps. Ceux qui l'épouseront un jour ne figurent point parmi ces loquaces prétendants. Que ces bruyants papillons prennent garde, non au retour du roi d'Ithaque, mais au jour où le peuple retrouvera son bon sens. Empêcher ces comités de fourmiller sur les murs, il serait plus sage d'arrêter les hirondelles qui, avant l'orage, voltigent pour ramasser les vermisseaux.

En somme, tout cela ne fait de mal à personne, et rend un air de vie, presque de fête à Paris. Peu nous importe. Les affiches de M. Thiers, annonçant la présentation du projet de loi pour les nouveaux impôts, disparaissent bien vite sous les professions de foi de M. Beaudemoulin, il emportera dans la tombe le secret de payer le roi de Prusse puisqu'il ne veut parler qu'en qualité de député.

On ne voit plus de caricatures aux étalages. Il faut bien qu'on rie de quelque chose. Rions donc de bon cœur et ne nous fâchons point trop fort contre ceux qui trouvent le moyen de nous dérider.

Tout comité est frappé d'impuissance, quand il n'est point doublé d'un journal qui lui sert de porte-voix. Grâce à Dieu et à l'absence de timbre, les journaux ne sont pas rares. On en cite un très-*Libéral* qui paie *un sou* à ceux qui veulent bien le prendre. Malheureusement, on les rationne, et on ne leur en donne que dix à la fois. C'est un journal qui a beaucoup d'*Avenir*, si sa caisse est bien fournie, mais son candidat de plomb, malgré cette allège, n'a point surnagé. Il a été évacué avec les eaux vaseuses du scrutin.

Les journaux, il est vrai, n'ont guère plus d'influence. Ils sont obligés, eux-mêmes, d'arriver à se fédérer. Ils se classent par gerbes, par bottes, comme les petits oignons, même ceux du grand format.

Le défilé des listes a commencé quarante-huit heures avant le moment où M. Thiers a passé la revue des troupes sur l'Hippodrome de Long-champs. Il n'a fini qu'avec le vote. Pour le décrire il faudrait la plume de Boileau dans son *Lutrin*.

La marche triomphale a été ouverte par l'*Union Républicaine*, qui avait dépensé de bien longues heures en actives délibérations. Tant il était difficile de découvrir les vingt confrères du citoyen *Baptiste* ! Quel travail en effet, quel casse-tête que l'arrangement d'un chapelet humain ! Pour ma part, j'aime mieux enfiler des phrases... Dire que Diogène ne cherchait qu'un homme à Athènes, qu'il avait une lanterne, et qu'il ne le trouvait pas ! Les rédacteurs de l'*Union Républicaine* demandent qu'on les croie sur parole. *Un petit vote s'il vous plaît*, c'est le salut de la République. Si vous ne votez pas pour le citoyen Guéroult, la République est anéantie. Si elle est à ce point poitrinaire, est-ce bien la peine de nous inquiéter de ce qu'elle deviendra ?

La Presse ne reçoit pas sa part, comme je ne sais plus quel comité l'avait faite, en lui réservant trois voix. Elle se la fait elle-même : *Ego nominor leo*. Le lion de l'*Opinion nationale* se nomme le citoyen Guéroult. Quant au citoyen Ulbach, il oublie que jamais sacristain n'a sonné la *Cloche* pour son propre enterrement. Le *Siècle* est un tambour bien retentissant, mais il faut qu'on graisse les baguettes, sans cela la peau d'âne ne rendrait point de sons.

Le grand principe des fruits secs du journalisme

est, Donne-moi de ce que tu as, je te donnerai de ce que j'ai. Il a été battu en brèche à la fois par MM. Pascal Duprat et Henri Vrignault, qui tous deux avaient des titres sérieux pour qu'on les vînt chercher. Mais les services de l'exil et du siége de Paris font moins sans doute que les dîners au Palais-Royal ou à Meudon. L'exemple est venu de l'*Union Parisienne* qui, composée de vingt journaux, n'a point mis un seul journaliste parmi ses candidats. Voilà un exemple vraiment digne d'être donné par des républicains. Est-ce qu'il y en aurait sans le savoir, tandis que ceux qui écrivent la République sur leur chapeau ne sont à la République que ce que Tartuffe était à la religion. *Mieux vaut un sage ennemi qu'un imprudent ami.* L'*Union Parisienne* a fait des élèves, car le lendemain de l'apparition de la liste conservatrice, le *Siècle* a présenté à ses lecteurs un bulletin de vote expurgé des rédacteurs en chef, mais conservant précieusement comme un joyau de la couronne démocratique, le citoyen Ténot, son rédacteur patenté.

Mais il n'émerge plus sur la liste électorale, en qualité de rédacteur du *Siècle*, c'est comme écrivain d'une *Histoire de la proscription* qu'il a été accueilli. *Risum teneatis*, car vous n'avez point encore fini de rire. En effet, l'*Union Républicaine*, par représailles, a fusionné avec un comité quelconque aux dépens de ce pauvre M. Ténot. On s'est aperçu que le salut de la République n'exigeait point que M. Ténot fût de l'Assemblée de Versailles et que la

République ne s'en porterait pas plus mal si le citoyen Sainte-Claire-Deville y allait pour lui..... Mais c'est assez causé de la question Ténot.

Avant de passer à une autre question, plus sérieuse, plus lamentable peut-être, un mot de la candidature du citoyen Leplanquais, fabricant d'instruments de chirurgie. Veut-il entrer à l'Assemblée avec un forceps afin d'obliger la Chambre d'accoucher... de quelque chose, soit d'une république, soit d'une royauté... Sans doute il veut, comme ce marchand de semelles combustibles qui proteste contre l'abstention, faciliter le placement de sa désagréable quincaillerie. Les industriels qui envahissent le terrain électoral sont plus à plaindre qu'à blâmer ; car un électeur de ma connaissance a voté pour un médecin en maladies secrètes, dont il avait pris l'affiche pour celle d'un candidat... Que dirait le pasteur Coquerel si, par suite d'une erreur inverse, un électeur venait lui demander des capsules ou du cubèbe pour liquider de vieux péchés ?

Candidatures factieuses.

Dans la rue du Quatre Septembre, j'ai aperçu un grand placard de couleur connue. Il était signé par un nom que je voyais pour la première fois sur nos murailles. Ce placard écarlate portait en tête le triangle égalitaire avec ces mots : *Constitution de 1793 ou la mort ! Le Droit doit venir, ou la Force reviendra prochainement*. Le reste de la profession de foi était à l'avenant. Le candidat faisait l'éloge de la Commune à tout rompre, même à se rompre le cou. Vésinier, dans son *Père Duchêne*, ne se serait pas exprimé en termes mieux choisis, pour mériter les justes éloges des délégués.

Le lendemain je cherchai vainement ce précieux placard ; il n'avait point été déchiré, mais il avait été enterré tout vivant, tout entier, sous une épaisse couche de professions de foi nouvelles ; c'est le sort commun de tous les carrés de papier qui bariolent nos murailles parisiennes. Quand elles ne sont point rafraîchies par une bande d'afficheurs occupés sans relâche à les remplacer, les candidatures sont vite étouffées. Il faut les entretenir mieux qu'une actrice, c'est une soupe au lait.

Si je m'étais appelé Haussmann pour mon malheur, et si, pour comble d'infortune, j'avais eu l'idée d'élever ma petite boutique entre des tréteaux mieux achalandés, j'aurais ramassé précieusement l'affiche rouge.

Je me serais mis à cheval sur le triangle, que dis-je, si cette affiche n'eût point existé, je l'aurais inventée comme un complément sans lequel ma parade eût été incomplète !

De quel secours il eût été pour exécuter la marche du Spectre rouge, sur l'air connu de *Bonaparte partant pour la Syrie* ! Il faut que le bonapartisme soit bien bas percé…. car M. Haussmann s'est borné à dire que son nom est un symbole d'ordre et de travail. Qui se serait hasardé à le contredire, aujourd'hui que les petits papiers de l'Empire sont brûlés?... Comme ces Communards ont eu la main heureuse! Faire disparaître en un seul jour les archives de la Cour des comptes, des Tuileries, de la ville, et le grand-livre de la police. Jamais gouvernement n'a eu d'aussi belles chances pour se prétendre immaculé !...

M. Clément Duvernois n'y va pas de main morte. Il met en tête de ses titres de gloire, le ravitaillement de Paris. Il veut entrer à l'Assemblée à cheval sur un bœuf, sans doute quand Europe fut enlevée par Jupiter, un peu comme lui-même il fut enlevé par Napoléon.

M. Clément Duvernois, qui pourtant ne fut jamais clément, et qui fut rarement sot, fait appel à la mémoire de l'estomac du peuple parisien. Quels dîners.... quels dîners ce grand ministre nous a donnés! Hélas! ces dîners sont digérés, mais l'Empire ne l'a point encore été.

Quand vous serez d'humeur noire, allez vous promener sur certain boulevard que jadis on nommait Haussmann, — le gouvernement de la Défense nationale l'a appelé Uhrich, et il a aussi mal fait que son prédécesseur. Je n'aime point l'apothéose des hommes vivants. Le gouvernement de la Commune l'a consacré à Victor Hugo. De plus fort en plus fort: Uhrich, Haussmann, Hugo, tous trois candidats, tous trois repoussés par le peuple de Paris! Trois candidats en une seule rue, trois fruits secs du scrutin consacrés successivement à l'immortalité. Cela ne nuit qu'aux cochers ; les habitants n'en dorment pas moins, car leurs maisons n'ont point été brûlées, et maintenant je doute qu'elles le soient.

On a une telle opinion du peu de bon sens de MM. les Bonapartistes persistants, que j'ai rencontré beaucoup de citoyens prenant au sérieux la liste affichée chez les marchands de journaux au pied d'une prétendue proclamation de Napoléon III. Il fallait leur faire lire le placard attribué à Sa Majesté pour leur faire comprendre que Napoléon III n'allait point à l'urne avec Lebœuf, Rouher, Pinard, Persigny, Cassagnac, Belmontet, Murat, Delesvaux, et même M. Schneider, le Dupin manqué de la dynastie.

Le châtiment de l'Empire, c'est de s'être borné à faire rire, dans sa candidature posthume, et sa consolation, c'est de voir que le grand Hugo restera dans son fromage du Luxembourg, à une portée de fusil des Prussiens.

On rira de bon cœur de MM. Duvernois, Haussmann et Magne, aussi longtemps que les prétendants se borneront à faire tirer des coups de pistolet à poudre, comme Proudhon, et qu'ils ne feront point ajuster par des chassepots assassins, nos braves soldats !

Les raies du spectre électoral.

Si l'on avait la patience de ranger par ordre toutes

les listes qui ont paru, on arriverait à constituer une série non interrompue, commençant à l'*Union radicale* et finissant à l'*Union parisienne*. On irait d'un extrême à l'autre sans transition. C'est ainsi que les couleurs se placent en éventail lorsque l'on fait passer le rayon de lumière à travers un prisme réfringent. Le spectre électoral offrirait même l'avantage de ne point manifester de raies noires, de véritables solutions de continuité, à moins qu'on n'y regarde de trop près et qu'on ne passe la main sur la tête des candidats pour voir ceux qui portent perruque ou n'ont que des cheveux teints. Ces couleurs humaines sont presque toutes factices, mais qu'y peut-on ? Dans la plus vertueuse assemblée représentative du monde, on ne trouverait pas douze pour cent de teintures qui résistent à la première lessive. Hélas ! ce sont surtout les couleurs voyantes qui tiennent le moins ! Dans toute foire, ce sont ceux qui font le plus de bruit, qui jouent le plus faux.

Le *Siècle* a reproché brutalement à M. Clément Duvernois la liste des versements faits par la maison Mocquart au profit du *Peuple* qu'il dirigeait.

M. Duvernois avait reçu quatorze cent mille francs en quinze mois ! Quatorze cent mille francs donnés par un empereur qui remuait les millions à la pelle, le mal est petit. Si le *Peuple* avait reçu quatorze cent mille francs de moins, il y aurait quatorze cent mille francs de plus à la banque d'Angleterre, sous le nom de l'Impératrice ou quelque part sous le nom de Sa Majesté. Avec quatorze cent mille francs, l'Empereur pourrait faire quatorze cent mille fois plus de mal qu'avec le *Peuple*, que personne ne lisait.

Si j'étais empereur postulant, je n'aurais point refusé *quatorze cent mille francs* à un journal qui m'aurait offert d'empêcher la constitution d'une liste essentiellement républicaine, comme elle aurait pu l'être si tout le monde avait imité le patriotisme du citoyen Vrignault; si jamais l'Empereur revient, ce service sera compté au *Siècle*, et l'Empire ne le supprimera pas plus que la Commune ne l'a supprimé.

Quoiqu'elle fût gâchée par des journalistes candidats imposés, cette liste républicaine a eu la force de disloquer la liste Renouard, la seule qui ne fût point anonyme. Ce pauvre M. Renouard a été obligé de s'en aller à l'*Union Parisienne* avec armes et bagages, tandis que son comité allait mettre bas les armes dans les bureaux de l'*Opinion*.

Ce pauvre M. Renouard ressemble à la poule qui a couvé des canards, et qui voit ses poussins courir à l'eau, dont elle a horreur.

Mais beaucoup de républicains ont suivi le magistrat austère qui fit un réquisitoire contre le coup d'État. Un pareil scandale ne se produira point lorsque nous aurons été débarrassés des comités anonymes qui travaillent pour la plupart sans scrupule en faveur de tel ou tel candidat bien pourvu d'argent, et qui font du remplissage afin de mettre leurs favoris au goût d'une certaine catégorie de votants.

L'art des étalagistes du boulevard, si connu pour l'assortiment des couleurs, n'est rien auprès du goût dont font preuve les rédacteurs de certaines listes panachées.

Tous républicains.

Le rôle de Paris électoral s'est presque toujours borné à choisir entre deux partis extrêmes qui lui déplaisaient également. De deux maux, choisir le moindre, ce n'est point un travail fort attrayant. C'est la situation inverse de l'âne de Buridan....... et quelque chose comme celle d'Arlequin, pauvre diable réduit à hésiter non entre deux picotins d'avoine, mais entre deux genres de mort.

Un des partis extrêmes a jugé prudent de s'haussmanniser. La monarchie a été expropriée pour cause d'utilité publique; c'est un service que la liste écarlate nous a rendu. Rendons hommage au service rendu par le citoyen Mottu, cela vaut bien l'aumône de quelques votes au citoyen Bonvalet.

Je plains les pauvres royalistes obligés de se déguiser en républicains, pour se donner des chances raisonnables d'entrer à l'Assemblée. Non-seulement il leur faut accepter parmi eux une bonne moitié de républicains sincères, mais il faut qu'ils soient pris entre un parjure et une apostasie.

Ce n'est point assez, et le peuple de Paris, par un vannage intelligent, va cueillir tous ceux qui auraient eu le plus de mal à suivre le programme de M. Thiers. O monarchie! tu m'as longtemps fait horreur, maintenant tu commences à me faire pitié! Pauvres Allemands, qui sont réduits à se prosterner devant les plus ridicules idoles, et qui croient qu'ils nous ont vaincus définitivement!

L'éclipse de la monarchie n'a pas été difficile et coûteuse. Il a suffi de faire paraître une grande affiche bleue, trop haute pour être collée d'une seule pièce, et portant en tête ces mots magiques : *Comité républicain conservateur, programme Thiers.* Si le peuple n'avait eu de la méfiance, quelle majorité cette liste n'eût-elle pas recueillie!

Pour comprendre la portée de cette manifestation électorale, il faut rapporter quelques raisonnements de votants républicains de l'*Union libérale*, votants d'autant plus méritants qu'ils faisaient non un acte d'amour et d'enthousiasme, mais de froide, de glaciale raison.

« Si les candidats auxquels je me rattache malgré moi, sur la foi d'une étiquette mensongère, me trompent, c'est leur affaire et non la mienne. Je ne peux répondre de l'honneur de vingt et une personnes que pour la plupart je ne connais pas, mais ce que j'ai cherché à faire, c'est de déterminer la portée de mon vote et de le pondérer. Ce qui m'a fait perdre de vue la vraie république, ce sont tous ces candidats borgnes, qui ont ouvert leur petite boutique électorale, et qui ont encombré les avenues du scrutin. » Un autre de mes amis était révolté de se voir réduit à un vote pareil.

« Il faut faire pénitence, nous sommes condamnés à faire oublier les péchés de la Commune, dont tout Paris est un peu solidaire, puisque, somme toute, ces crimes ont été commis dans l'enceinte des fortifications. La pénitence sera dure, mais elle nous sera comptée dans ce monde et dans l'autre. » « L'abbé Freppel nous servira d'aumônier. « Jusqu'à ce jour, Paris n'avait envoyé au Corps « législatif ou aux Constituantes que l'abbé Lamen- « nais. » Un autre avait hésité longtemps à mettre le nom d'un prêtre, quoique sur certaines listes l'abbé Freppel eût jeté le froc aux orties, se présentant sous son nom laïque sans aucune désignation.

« Mais, à la veille d'un troisième anniversaire sé- « culaire de la Saint-Barthélemy, il croyait bien « de donner un exemple de tolérance et de voter « pour un catholique, un protestant; il aurait dé- « siré avoir un juif, un musulman. Il les aurait mis « sur son bulletin, comme les Romains mettaient « dans le sac des parricides un serpent, un chien, « et je ne sais plus quelle espèce d'animal. » Ce qui me fait de la peine, c'est de voir à quel degré de décadence est tombé ce pauvre M. Glais-Bizoin. Il attend que le jour de la justice luise pour la délégation de Tours, et on l'envoie attendre dans une cave si noire que jamais ménagère n'en aurait voulu lors du bombardement. Ce que c'est que d'être mort et de croire qu'on est encore en vie.

Les affiches de M. Gambetta.

Samedi soir, la victoire de l'*Union Parisienne* était complète. Mais M. Gambetta, avec une dextérité qui lui fait le plus grand honneur, a trouvé une riposte digne du succès qu'il a obtenu. Je me plais d'autant plus à lui rendre hommage, que par principe je n'ai pas cru devoir voter pour lui, non par répulsion, ni défiance, ni ingratitude, mais par principe. Il fallait que si un représentant de Paris de la liste conservatrice se déclarait par hasard royaliste, j'eusse le droit de lui dire : « Vous n'êtes, monsieur, qu'un misérable, car j'ai voté pour vous parce que vous vous êtes dit républicain. »

On a commencé par imprimer sur tous les murs un peu en vue des extraits d'un excellent discours prononcé à Bordeaux par le grand orateur Gambetta, et établissant en termes très-explicites qu'il a renoncé à toute idée de révolution et de violence. Il ne marche point à l'assaut du pouvoir ; il veut être la sentinelle vigilante sur laquelle un gouvernement républicain pourra toujours compter.

La conclusion pratique du discours de M. Gambetta a été l'affichage d'un placard dont la paternité doit lui être attribuée. M. Gambetta déclare qu'il n'est point solidaire de la liste sur laquelle son nom a figuré. Le candidat soleil n'appartient à aucune, il demande à être inscrit sur toutes indifféremment. Il se pose en chef d'une opposition républicaine constitutionnelle ; il parle en maître, en dictateur de l'opinion. Il veut appliquer aux affaires politiques de la République les habitudes parlementaires de la Grande-Bretagne, que dis-je, il veut qu'il y ait dans le Parlement français des whigs et des torys, des whigs et des torys débarrassés de leur perruque monarchique !

Puisque l'on est obligé de croire à la bonne foi de l'*Union Parisienne*, pourquoi ne croirait-on point aussi à la bonne foi de M. Gambetta ? Que les boucs rubiconds qu'il laisse au fond du puits électoral rugissent, cela fera rire tout le monde ; ils se donneront de mutuels coups de corne dont plusieurs pourront trépasser, politiquement parlant, et tout le monde y gagnera. Quant à M. Gambetta, me disait un de mes amis qui lui a donné sa voix, je n'ai pas grande confiance, car on m'a dit que c'était un serpent, mais je me suis rassuré en voyant que c'était un serpent qui avait le courage de se couper lui-même la queue.

A la porte du scrutin.

Les Anglais qui nous imitent timidement, et qui suivent de loin toutes les expériences faites *in animâ nobili,* ont adopté le scrutin de liste dans des proportions fort raisonnables, favorables à la représentation des minorités. Chaque électeur n'a que deux votes dans les colléges où l'on a trois siéges à remplir. Ce sont les villes populeuses, telles que la cité de Londres, Birmingham, Manchester, où l'on pratique non sans quelque avantage cette manière de voter. Mais elle ne satisfait point aux impatiences de certains candidats qui, en Angleterre comme ailleurs, se moquent de toutes les combinaisons de parti. Moi seul, et c'est assez. Ces personnages, généralement fort riches, engagent leurs adhérents à ne voter que pour eux, à perdre la moitié de leurs voix afin que la moitié qu'ils donnent ait plus de portée, puisque la moitié qui reste ne va point enrichir leur concurrent.

En France, il est rare que l'on conseille ouvertement de *plumper*. La veille du scrutin on a vu sur les murs quelques affiches collectives recommandant deux, trois ou cinq noms, mais n'osant dire : Ne votez que pour moi. M. Beaudemoulin lui-même n'en est pas encore arrivé là. Une de ces listes était recommandée par les associations ouvrières portant des noms sans grande chance. Une autre plus étrange avait été fabriquée par l'*Echo Pontoisien*, et l'on voyait bien qu'elle revenait de Pontoise, car sur cette liste pas un nom qui fût connu. C'est la première fois qu'à ma connaissance la province cherche à agir sur les élections de la capitale. Décidément les idées de décentralisation ont fait de bien étonnants progrès. Vive l'*Echo Pontoisien* ! Les candidats égoïstes qui veulent tirer l'échelle s'y

sont pris d'une autre manière. Ils ont fait un choix
de candidats assortis, et présenté leur liste sous les
auspices d'un comité anonyme dont il est assez difficile qu'ils n'acceptent point un peu la paternité.
La liste de ce comité est confiée aux soins de distributeurs qui sont envoyés aux portes de chaque section. Comme les comités riches ont plusieurs distributeurs, on peut évaluer à une dizaine en moyenne
le nombre des agents employés à cette besogne dans
chacune des trois ou quatre cents sections de Paris
et de la banlieue.

Outre quatre *bulletins de vote*, deux commençant
par Alfred André, et deux commençant par Gambetta, j'ai recueilli, à la porte de ma section, la
liste républicaine de l'Union électorale, la *liste d'U-
nion des Comités*, la *liste du Comité républicain
conservateur de Paris et de la banlieue*, programme
Thiers, la *liste collective des Comités électoraux d'i-
nitiative des associations ouvrières et des ouvriers et
des employés d'administration*, la *liste républicaine
du journal* le Peuple souverain, *extraite des listes
adoptées par les divers Comités républicains de Paris
et de la banlieue*; la *liste du Comité électoral de la
ligue d'Union républicaine des droits de Paris*, la *liste
du Comité républicain*, la *liste du Comité des associations ouvrières et des sociétés coopératives*, enfin
la *liste du Comité républicain*. Parmi les listes qui
manquent à l'appel, je signalerai celle du *Tricolore*,
sur laquelle se trouve M. Clément Duvernois. Est-ce
que son porteur ne se serait point levé assez matin ?

Il y avait de plus sur les murs la liste du *Comité républicain de Montmartre*, qui n'avait pas fait des frais de distribution et s'était borné à l'affichage. On y lisait les noms de deux candidats que je n'ai point vus ailleurs, et de trois candidats qui ont publié leur désistement. C'est une manière très-honnête de diviser les voix au profit des hommes que l'on porte dans son cœur. C'est ainsi que beaucoup de listes se sont cramponnées à M. Vrignault.

Sur les douze listes dont j'ai fait provision, cinq portent le nom de Gambetta. C'est celui qui figure le plus de fois; Gambetta est le roi des Plumpers, il a décidément quelque chance de fonder un parti solide en face des républicains *torys*.

Un peu de statistique électorale.

Il y avait environ quatre cents sections électorales, et à la porte de chaque section se trouvait un groupe d'une douzaine de distributeurs de bulletins. Nous avons donc une armée de près de cinq mille agents, presque tous appartenant au sexe masculin. Ces cinq mille agents sont soldés et embrigadés par autant d'administrations différentes qu'il y a de listes distinctes. On a payé la journée de six à huit francs, la dépense de personnel ne dépasse donc pas quarante mille francs. Chacun de ces distributeurs a bien présenté aux électeurs quatre mille bulletins dans sa journée, soit en total vingt millions de bulletins.

L'impression de ces vingt millions de bulletins ne
coûte pas plus de quarante mille francs. Certainement les frais d'affiches sont plus difficiles à évaluer.
Mais je ne crois pas qu'il y ait eu plus de mille ouvriers en campagne pendant huit jours. Chacun de
ces afficheurs a donné lieu à une dépense d'au plus
vingt-cinq francs. Le total de l'affichage ne représente pas plus de deux cent mille francs. Il reste
la distribution de circulaires à domicile. Je crois
que M. Beaudemoulin et M. Ménier sont les seuls
candidats qui se soient payé ce luxe. En supposant
qu'ils aient dépensé à eux deux une centaine de
mille francs, on voit que la période électorale n'a
pas coûté aux Comités plus d'un demi-million.
C'est bien peu de chose pour une opération si
gigantesque. Les seules dépenses notables sont
celles que l'on n'avoue point et que certains candidats
ont dû faire pour étouffer certaines concurrences,
pour s'assurer certains concours, pour établir les
officines, pour étouffer la voix publique qui dési-
gnait certains candidats. Avoir une bonne caisse est
la première condition de succès pour les gens qui
n'arrivent point à une supériorité hors ligne. C'est
la conséquence forcée de notre organisation actuelle, et c'est un peu comme cela que les choses
se passent aux États-Unis. C'est un mauvais côté
pour leur ressembler, mais j'aime mieux cela que
de ressembler à la Commune, car enfin les membres qui passent à travers les mailles de notre
scrutin de juillet savent tous, ou à peu près, ce

que c'est que la politique. Si Apelle avait été à l'Hôtel-de-ville crier : *Ne sutor ultra crepidam*, il aurait mis en fuite la moitié de l'assemblée. Toutes les professions doivent faire de la politique même active ; mais la République marcherait mieux si les cordonniers, par exemple, n'en faisaient pas autant..... et les citoyens n'y perdraient rien. Ainsi à Montmartre nous avons perdu tant de disciples de saint Crépin que l'on ne sait plus par qui se faire raccommoder ses chaussures en ce moment. Si tous les quartiers étaient pareils, une bonne partie de Paris serait bientôt obligée d'aller nu-pied.

Le résultat du scrutin.

Nous n'avons pas encore parlé de l'opposition démocratique républicaine de l'Assemblée constituante. Nous avons systématiquement omis de mentionner deux lettres écrites, l'une par la gauche extrême, l'autre par la gauche moyenne, en style digne de la *Civilité puérile et honnête*. En effet, personne n'a fait attention à cette série de lieux communs. Lorsqu'il s'agit d'élections, les électeurs ont besoin d'être éclairés sur des noms. Les députés au Corps législatif, quand ils sont à la hauteur de leur mission, indiquent courageusement les choix qu'il faut faire. La discrétion est une vertu républicaine, mais le silence ne devrait être en usage que dans les monarchies. Si la proclamation de Gambetta n'est pas un vain mot, la gauche sera obligée de sortir de son inertie coupable lors des prochains scrutins. Si Gambetta tient sa promesse, il fera pour les whigs de 1871, ce que Thiers a fait pour les torys de 1849. Il retirera aux journaux la manipulation de la matière électorale qui ne leur appartient pas, surtout quand il y a des journalistes parmi les candidats.

En ce moment la gauche républicaine ressemble à une jument harnachée en guerre, avec sa selle, sa bride, son mors, et des pistolets dans les fontes, mais le cavalier a été tué. M. Gambetta va sauter sur le dos de cette jument quinteuse ; nous allons voir s'il aura la force de la tenir en main, et si elle a repris des forces pendant le temps qu'elle a brouté les plantureux herbages du suffrage universel. L'appoint formidable que la province vient de donner à la République pratique, intelligente et progressive, permet de concevoir les plus heureuses espérances.

Somme toute, le peuple de Paris a opéré son choix avec une sûreté de coup d'œil et un tact que personne n'aurait eus. Je préfère de beaucoup la liste qui a passé à celle que j'ai votée, et je suis sûr que des milliers de citoyens sont dans mon cas. La combinaison victorieuse était une de celles qui, paraît-il, se sont le moins fréquemment présentées. C'est une combinaison des listes extrêmes, mais une combinaison par élimination ; le suffrage a exclu de part et d'autre tous les éléments dangereux. Ils se sont expulsés mutuellement. De part et d'autre le venin est resté sur le champ de bataille.

Espérons que ce n'est point un baiser Lamourette que l'on vient de se donner sous la bannière de la République. M. Thiers, acclamé même par ses adversaires, n'oubliera point les intérêts de la patrie indissolublement unis à sa propre gloire impérissable.

Le succès de l'emprunt nous avait préparés au succès du vote, mais il faut que ce succès dure et qu'il ne soit pas uniquement un succès d'emprunt.

Après les élections de 1863, je rencontrai un de mes amis consterné du succès de la liste de l'opposition pour laquelle il avait voté dans son quartier, ainsi que moi dans le mien ; le malheureux s'arrachait les cheveux. Il me disait qu'il avait voulu donner une leçon au gouvernement et que la leçon était trop forte. Il aurait donné mille francs pour rattraper le *Havin* ou le *Guéroult* qu'il avait lancé dans l'urne. Cet ami était une exception, mais aujourd'hui il n'en serait point encore s'il avait voté la liste de l'*Union Parisienne*, car la plupart de ceux qui ont voté de bonne foi, avec discipline, sont enchantés de n'avoir pas mieux réussi. S'ils avaient un peu plus échoué encore, cela n'en serait pas beaucoup plus mauvais. Ce sentiment caractérise bien le jeu de *qui perd gagne* auquel nous venons de nous livrer, avec un calme et une dignité, symptôme, gage d'une prochaine revanche. Aujourd'hui la Prusse doit commencer à réfléchir.

Nous nous sommes mis patriotiquement en pénitence, une autre fois nous nous dédommagerons, et la République n'y perdra rien ; plus il nous a fallu nous faire de violence, plus le triomphe de la République pratique, réelle, a de l'importance ! On a voté malgré les candidats repoussoirs dont la liste était bariolée, on a sacrifié au programme de Thiers autant qu'on l'eût fait s'il se fût appelé Washington. Que le vrai parti républicain s'organise, qu'il suive les avis que Pessard donnait si patriotiquement le soir des élections, et nous n'aurons plus besoin de nous fier au hasard de promesses douteuses et suspectes, quand elles sont faites à la veille du scrutin ; nous irons mettre en réquisition nos candidats, ils ne viendront pas nous assaillir.

Ils se déroberont à l'honneur de nous représenter ; au lieu d'être obligés de voter pour qui nous déplaît, nous aurons nos députés malgré eux ; mais nous n'en sommes point encore au candidat forcé.

La tête de Turc parlementaire.

Si les listes avaient été dressées par des gens responsables de leurs actes, ayant le courage de publier leurs noms, il serait facile de se rendre compte de la force relative des partis politiques, et de faire servir le suffrage populaire de thermomètre à l'opinion. Mais les intrigues ont tant travaillé ! Excepté l'*Union Parisienne*, chaque comité s'est affublé d'un candidat ridicule pour lequel la liste était composée. Bien plus, il n'y a pas eu de candidat assez honnête pour dire : « Je représente telle cou- « leur, je n'en veux pas représenter d'autres. Votez « avec ceux dont je suis solidaire, ou ne votez pas « pour moi. » Nul n'a compris ce qu'exigeait la dignité civique. Comment s'y prendre pour tâter l'opinion ? Quelle sera notre tête de Turc parle- mentaire ? Comment rétablir le sens du vote ? Com- ment profiter des enseignements du scrutin ? Ce n'est point, comme l'ont fait les différents journaux, en allant prendre les candidats banaux, que l'on fourre en tête de toutes les listes comme une sorte de passe-port obligé, car nul comité n'a gardé le monopole ni du Gambetta, ni du Wolowski. Ce qu'il faut faire, c'est de fouiller dans les épluchu- res électorales, c'est d'aller chiffonner dans les déchets du scrutin. Ainsi le succès de la combi- naison dite *radicale* sera déterminé par le nombre de suffrages qu'obtient le citoyen Raud, qui jouait la *Carmagnole* avec son triangle égalitaire pendant toute la durée de la parade à côté du docteur Ro- binet.

Pour juger la *Revendication des droits de Paris*, je verrai comment elle a revendiqué le siége aban- donné par le citoyen Clémenceau. C'est Clémen- ceau que je pèserai dans ma balance, pour voir ce que pèse la revendication. La liste du *Siècle* sera glorieusement caractérisée par le succès éclatant du citoyen Ténot. Je ferai à l'*Opinion* la grâce de la juger par les voix du citoyen Guéroult, et les voix d'Ulbach me montreront combien *la Cloche* appelle de paroissiens. Quant à l'*Avenir libéral*, je sonderai sa valeur en faisant la caisse électorale du citoyen Floquet.

En agissant d'après ce principe, nous nous tirerons d'un problème qui semble inextricable, tant il y avait de tréteaux dans notre foire électorale ! Jamais la *banque*, dans les temps les plus prospères, ne réunit tant d'artistes aux Loges ou à Saint-Cloud. C'est la recette de Lasnier qui nous dira comment la troupe de l'*Union électorale* de la rue Geoffroy-Marie, n. 5, a travaillé. Le professeur See nous servira de thermomètre scientifique pour apprécier le degré d'union qui régnait parmi les adeptes de l'*Union des comités.* En nous y prenant de la sorte, nous établirons le mérite comparatif de ces listes, espèces d'enfants trouvés à la porte du scrutin, qui n'ont pour tout état civil que le nom de l'imprimeur, telle que celle de l'imprimeur Moquet au bulle Domolain, celle de l'imprimeur Félix Malteste qui est voué à Vautrain, celle de l'imprimeur Lander où nous trouvons Poulot l'*auteur des Sublimes !* quelle sublimité ! L'*Union républicaine* aura juste la valeur qu'elle a su donner au candidat Tantale, M. de La Garde, et les *Sociétés coopératives* seront réduites à partager la gloire du citoyen Beaudemoulin, quoique leur liste commence par le citoyen Gambetta. Enlevons à ces listes parasites les noms qu'elles ont volés ! Il faut être impitoyable pour les escamoteurs, qui cherchent à escroquer des suffrages à l'aide de listes panachées. Il faut les déshabiller, et les juger à poil — à nu.

La maladie d'un grand docteur positiviste.

Quand nous étions en Angleterre, pendant le second investissement de Paris, nous avons trouvé que le parti de la Commune s'était organisé. Une conspiration en règle avait été ourdie, grâce à la connivence des feuilles dévouées à la Prusse. On célébrait en termes hyperboliques les vertus de cette noble assemblée, qui avait reçu le pouvoir des mains saignantes des assassins de la rue des Rosiers. Les personnes qui m'avaient aidé dans ma croisade antiprussienne, au mois de novembre, avaient été circonvenues. Quelques trahisons de détail avaient affaibli la puissance dont je pouvais disposer. Au moment où j'espérais faire ouvrir les yeux à un peuple intelligent, j'eus à combattre un ennemi nouveau. C'était un docteur positiviste, qui membre de la Commune, avait dû abandonner cette illustre assemblée non par défaut de sympathie mais par défaut de santé. Cet illustre malade devait avaler bien des pilules, car sa maladie ne l'empêchait pas d'écrire de longues lettres follement apologétiques, que traduisait avec enthousiasme un professeur assez célèbre, homme honorable, nommé le professeur Beesley. Lorsque vinrent les incendies au pétrole, ceux qui avaient lu les lettres comprirent qu'un scélérat les avait trompés, et le docteur Beesley, mis en demeure de s'expliquer, désavoua d'assez mauvaise grâce son correspondant infâme ! Quel était ce traître qui venait déverser l'injure sur la France ? Je ne sais en vérité, mais comme le docteur Beesley est un homme d'honneur, il ne l'a pas inventé.

La lecture attentive de ces lettres horribles mettrait évidemment sur la trace du coupable qui doit avoir beaucoup de goût pour les dignités civiques et pour les candidatures à la muette, car il admire les élections de la Commune, et voudrait que l'on vota toujours à la façon des grands scrutins communards dont il profita si glorieusement.

Pauvres docteurs positivistes, vous devez tous être prêts à rendre l'âme à la suite de vos dernières candidatures. Si le coupable est un de vous, il doit être bien véritablement malade cette fois. Quoi ! pas un seul de vous n'arrive à se tirer du tas où pourrissent ensemble toutes les candidatures avortées. Vous n'arrivez pas à la cheville du grand citoyen Duvernois ! Oh ! l'excommunication est rude ! Vous voilà entrés dans les limbes électorales dont il nous reste à parler.

Les limbes électorales.

Quel froid et horrible séjour ! Auprès de ces humides caveaux malsains qu'habitent d'ordinaire les esprits malades, les limbes parcourues par le Dante sont un magnifique palais. On y reste quelquefois bien longtemps. Il est rare que l'on s'en tire. Il en est des candidats malheureux comme des ivrognes, les plus vieux sont les plus obstinés ! Comme pour l'alcoolisme on cite des cas spontanés de crétinisation irrémédiable. Je connais des malheureux, infortunés philosophes qui y sont entrés dès 1848, il y a 23 ans. Chaque fois que l'on parle d'élection, ils descendent de leur perchoir et s'avancent sur le seuil. Cependant à peine s'il leur reste la force de faire claqueter leurs mâchoires et de dire « Prenez-moi. » Chaque année leur corps et leur esprit se ratatinent. La prochaine fois qu'on viendra les querir pour figurer dans une petite foire municipale, on trouvera qu'ils sont tombés en poussière comme les momies dans leur tombeau. Que les partis s'organisent au grand jour afin de diminuer le nombre toujours croissant de ces fous. Il faut que l'on comprenne que le mandat de représentant n'appartiendra plus à ceux qui le font cerner par une meute d'aboyeurs. En prenant des mœurs politiques dignes d'un peuple libre nous supprimerons le dangereux dépôt de mendicité, où les meilleurs esprits se brouillent. C'est une question de république et d'humanité : c'est là que Delescluze a tourné au vinaigre, que Pyat est devenu si venimeux ; c'est là que la parfumerie de Babyck s'est transformée en pommade d'Éternité.

L'embuscade des prétendants.

Nous avons eu cette fois plus de bonheur que nous ne le méritions. On dirait que les destins commencent à sourire à notre République, et que nous avons épuisé la série de nos malheurs. Une ère nouvelle semble luire ! Mais ce n'est point une raison pour nous endormir dans une fausse sécurité. La République gagne au provisoire, laissons-lui le temps de pousser des racines profondes. Aidons-la à vivre comme l'a fait Thiers, au lieu de l'étouffer, de la piétiner, en cherchant à la proclamer comme veulent le faire les idiots qui ont détérioré notre scrutin.

N'oublions pas qu'il faut de la prudence, car là-bas, le long du fleuve j'ai vu briller les écailles d'un crocodile qui attendait le buffle populaire alors qu'il allait s'abreuver dans les ondes électorales. Il en sera chaque fois de la sorte, quand il ira voter. Il faut donc une autre fois éviter de suivre les perfides conseils de ces candidats fantaisistes, qui veulent nous entraîner en dehors des routes tracées par la science, et fréquentées par la philosophie. Nous avons échappé un peu par miracle, ne nous amusons point à recommencer.

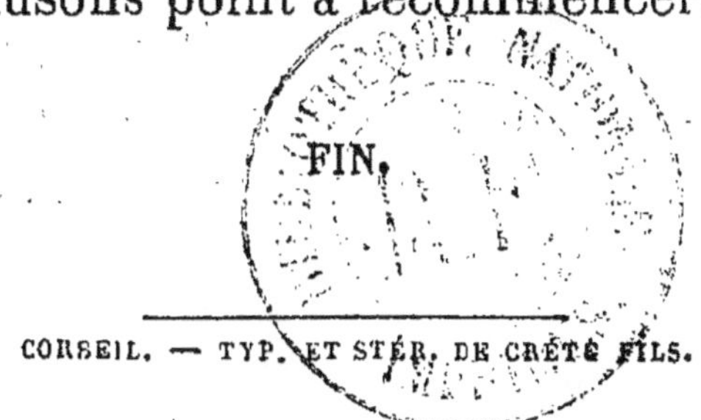

FIN.

CORBEIL. — TYP. ET STÉR. DE CRÉTÉ FILS.